4

INTERPRETAÇÃO DE TEXTOS

DESENVOLVENDO A COMPETÊNCIA LEITORA

WILLIAM
CEREJA
Professor graduado em Português e Linguística e licenciado em Português pela USP
Mestre em Teoria Literária pela USP
Doutor em Linguística Aplicada e Análise do Discurso pela PUC-SP

CILEY
CLETO
Professora graduada e licenciada em Português pela USP
Mestra em Linguística e Semiótica pela USP

Atual Editora

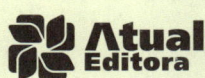

Presidência: Mario Ghio Júnior
Direção editorial: Lidiane Vivaldini Olo
Gerência editorial: Viviane Carpegiani
Gestão de área: Noé G. Ribeiro
Edição: Daniella Szeko Zerbinatti, Fernanda Carvalho, Mônica Rodrigues de Lima e Paula Junqueira
Planejamento e controle de produção: Flávio Matuguma, Juliana Batista, Felipe Nogueira e Juliana Gonçalves
Revisão: Kátia Scaff Marques (coord.), Brenda T. M. Morais, Claudia Virgilio, Daniela Lima, Malvina Tomáz e Ricardo Miyake
Arte: André Gomes Vitale (ger.), Catherine Saori Ishihara (coord.) e Christine Getschko (edição de arte)
Diagramação: Select Editoração
Iconografia e tratamento de imagem: André Gomes Vitale (ger.), Denise Kremer e Claudia Bertolazzi (coord.), Camila Losimfeldt (pesquisa iconográfica) e Fernanda Crevin (tratamento de imagens)
Licenciamento de conteúdos de terceiros: Roberta Bento (ger.), Jenis Oh (coord.), Liliane Rodrigues, Flávia Zambon e Raísa Maris Reina (analistas de licenciamento)
Ilustrações: Adolar, Felipe Camêlo, Biry Sarkis, David Martins, Hélio Senatore, Ideário Lab, Jean Galvão, Jefferson Galdino, Estúdio Mil e Vanessa Alexandre
Cartografia: Eric Fuzii (coord.) e Robson Rosendo da Rocha
Design: Erik Taketa (coord.) e Adilson Casarotti (proj. gráfico e capa)
Foto de capa: Rohit Dhanaji Shinde/Shutterstock; koretskiyart/Shutterstock; George Rudy/Shutterstock

Todos os direitos reservados por Somos Sistemas de Ensino S.A.
Avenida Paulista, 901, 6º andar – Bela Vista
São Paulo – SP – CEP 01310-200
http://www.somoseducacao.com.br

Dados Internacionais de Catalogação na Publicação (CIP)

```
Cereja, William Roberto
   Interpretação de textos 1º a 5º ano / William Roberto
Cereja, Ciley Cleto. -- 2. ed. -- São Paulo : Atual Editora,
2020.
   (Interpretação de textos ; vol. 1 ao 5)


1. Língua portuguesa (Ensino fundamental) 2. Língua
portuguesa (Ensino fundamental) I. Título II. Cleto, Ciley

20-1407                                          CDD 372.6
```

Angélica Ilacqua - CRB-8/7057

2024
Código da obra CL 801860
CAE 722391 (AL) / 722392 (PR)
ISBN 9788547237387 (AL)
ISBN 9788547237394 (PR)
2ª edição
5ª impressão
De acordo com a BNCC.

Impressão e acabamento: Bercrom Gráfica e Editora

Apresentação

Caro estudante:

Você já notou como estamos rodeados por textos? Eles estão nas ruas, nos cartazes, nos letreiros de ônibus, nas placas, nos *outdoors*, nas receitas de bolo...

Também estão nas mensagens que enviamos e recebemos, nas contas para pagar, nos bilhetes deixados na mesa ou na geladeira...

Estão nos jornais, nas revistas, nos livros e na internet. Estão nas histórias em quadrinhos, nos filmes, nas canções, na pintura, nas instruções de jogo...

Os textos fazem parte da nossa vida! Saber lê-los adequadamente é poder participar ativamente da vida e do mundo.

Nós, autores, escrevemos este livro para ajudá-lo a aprender a ler de verdade e, por meio da leitura, descobrir um mundo maravilhoso que espera por você.

Nesse mundo há de tudo: de príncipes e princesas até personagens incríveis, como Menino Maluquinho, Mônica, Cebolinha, Mafalda, Suriá, Gaturro e muitos outros. Você vai se divertir muito e também vai refletir, discutir, opinar...

Com este livro, queremos ajudá-lo a crescer: crescer como leitor e crescer como pessoa!

Para começar, é fácil: basta virar esta página!

Um abraço,
Os autores

SUMÁRIO

CAPÍTULO 1

O mundo da imaginação 8

O príncipe desencantado, Flávio de Souza 8
Palavras em contexto 13
Texto e intertexto 15
Tira de Fernando Gonsales 15
Exercícios 16

CAPÍTULO 2

Saúde 26

Comer, Antonio Carlos Vilela 26
Texto e intertexto 29
Tira de Nik 29
Anedota de Paulo Tadeu 32
Exercícios 33

CAPÍTULO 3

Amor 42
Texto da Campanha do
agasalho 2019 42
Texto e intertexto 44
*Motorista de ônibus salva cachorro
atropelado em rua do Rio e vídeo do
animal viraliza na internet*, G1 44
Exercícios 47

CAPÍTULO 4

Natureza: um bem de todos 58
História em quadrinhos
de Mauricio de Sousa 58
Palavras em contexto 67
Exercícios 68

CAPÍTULO 5

Arte 74
Trecho de *Teatro*, Raquel Coelho 74
Palavras em contexto 76
Texto e intertexto 78
Infográfico *Países onde mais se lê*,
Mireia Trius e Joana Casals 78
Exercícios 80

SUMÁRIO

CAPÍTULO 6

Sou diferente... E quem não é? 88

Por que 'tirar sarro' do diferente?,
Folha de S.Paulo 88
Palavras em contexto 91
Texto e intertexto 92
Inclumojis: emojis inspirados em pessoas com síndrome de down chegam nas redes sociais,
Design Culture 92
Exercícios 95

CAPÍTULO 7

Somos o que falamos! 102

Pechada, Luis Fernando Verissimo ... 102
Palavras em contexto 106
Texto e intertexto 107
Tira de Angeli 107
Exercícios 109

CAPÍTULO 8

Rir faz bem! **116**
Pela janela, Antonio Prata 116
Palavras em contexto 124
Exercícios 125

CAPÍTULO 9

Infância **132**
Música pra balançar,
Clarice Reichstul 132
Palavras em contexto 134
Texto e intertexto 135
Esportes na infância: quando começar?, Ana Escobar 135
Exercícios 139

CAPÍTULO 10

E quando tudo complica... ...... **146**
Minhas férias, Luis
Fernando Verissimo 146
Palavras em contexto 151
Texto e intertexto 152
Tira de Nik 152
Exercícios 153

BIBLIOGRAFIA **160**

CAPÍTULO 1

O mundo da imaginação

Quando lemos contos maravilhosos sempre imaginamos que as princesas são lindas, educadas e graciosas... E que os príncipes são sempre cavalheiros, corajosos e aventureiros. E que os personagens se casam e são felizes para sempre... Será sempre assim?

Leia este conto:

O príncipe desencantado

O primeiro beijo foi dado por um príncipe numa princesa que estava dormindo encantada há cem anos. Assim que foi beijada, ela acordou e começou a falar:

Princesa — Muito obrigada, querido príncipe. Você por acaso é solteiro?

Príncipe — Sim, minha querida princesa.

Princesa — Então nós temos que nos casar, já! Você me beijou, e foi na boca, afinal de contas não fica bem, não é mesmo?

Príncipe — É... querida princesa.

Princesa — Você tem um castelo, é claro.

Príncipe — Tenho... princesa.

Princesa — E quantos quartos tem o seu castelo, posso saber?

Príncipe — Trinta e seis.

Princesa — Só? Pequeno, hein! Mas não faz mal, depois a gente faz umas reformas... Deixa eu pensar quantas amas eu vou ter que contratar... Umas quarenta eu acho que dá!

Príncipe — Tantas assim?

Princesa — Ora, meu caro, você não espera que eu vá gastar as minhas unhas varrendo, lavando e passando, não é?

Príncipe — Mas quarenta amas!

Princesa — Ah, eu não quero nem saber. Eu não pedi para ninguém vir aqui me beijar, e já vou avisando que quero umas roupas novas, as minhas devem estar fora de moda, afinal passaram-se cem anos, não é mesmo? E quero uma carruagem de marfim, sapatinhos de cristal e... e... joias, é claro! Eu quero anéis, pulseiras, colares, tiaras, coroas, cetros, pedras preciosas, semipreciosas, pepitas de ouro e discos de platina!

Príncipe — Mas eu não sou o rei das Arábias, sou apenas um príncipe...

Princesa — Não me venha com desculpas esfarrapadas! Eu estava aqui dormindo e você veio e me beijou e agora vai querer que eu ande por aí como uma gata borralheira? Não, não e não, e outra vez não e mais uma vez não! Tanto a princesa falou, que o príncipe se arrependeu de ter ido até lá e a beijado. Então, teve uma ideia. Esperou a princesa ficar distraída, se jogou sobre ela e deu outro beijo, bem forte. A princesa caiu imediatamente em sono profundo, e dizem que até hoje está lá, adormecida. Parece que a notícia se espalhou, e os príncipes passam correndo pela frente do castelo onde ela dorme, assobiando e olhando para o outro lado.

(Flávio de Souza. *Príncipes e princesas, sapos e lagartos — Histórias modernas de tempos antigos.* São Paulo: FTD, 1989.)

1 O texto lido faz uma brincadeira com um conhecido conto, modificando a história original. Em que conto maravilhoso tradicional a princesa dorme por muitos anos?

2 A princesa pergunta ao príncipe o número de quartos do castelo e diz que pretende contratar quarenta amas, que quer carruagem de marfim, sapatinhos de cristal, etc. Que tipo de pessoa a princesa demonstra ser?

3 O príncipe afirma: "Mas eu não sou o rei das Arábias". O que ele quis dizer com essa frase?

_____

_____

_____

4 Releia este trecho:

> "Tanto a princesa falou, que o príncipe se arrependeu de ter ido até lá e a beijado."

a) Por que o príncipe se arrependeu de ter beijado a princesa?

_____

_____

b) De que modo ele resolveu o problema?

_____

_____

5 No final da história, os príncipes assobiam e olham para outro lado quando passam pela frente do castelo. Por que eles agem desse modo?

_____

_____

6 O conto lido é engraçado porque altera o perfil dos personagens dos contos maravilhosos tradicionais. Nos contos maravilhosos, geralmente:

a) Como são as princesas?

_____

_____

b) Como são os príncipes?

_____

_____

c) Como terminam as histórias?

_____

7 O título do conto lido é "O príncipe desencantado".

a) Qual é geralmente o sentido da expressão **príncipe encantado**?

_____

_____

b) No conto, que sentidos tem a expressão **príncipe desencantado**?

_____

_____

_____

c) O conto termina da mesma forma que a maioria dos contos maravilhosos? Por quê?

_____

_____

_____

8 A respeito da estrutura da narrativa, responda:

a) Quem são os personagens principais do conto?

_____

_____

b) Qual é o conflito gerador da história, ou seja, o problema que se coloca e que precisa ser resolvido?

_____

_____

c) Como o conflito foi resolvido?

_____

_____

9 Releia este trecho do texto:

> Princesa — Você tem um castelo, é claro.
> Príncipe — Tenho... princesa.
> Princesa — E quantos quartos tem o seu castelo, posso saber?
> Príncipe — Trinta e seis.
> Princesa — Só? Pequeno, hein! Mas não faz mal, depois a gente faz umas reformas... [...]

Observe que a fala de cada um dos personagens é reproduzida integralmente. Esse tipo de técnica é chamado de **discurso direto**. Quando os diálogos não são reproduzidos dessa forma, eles podem ser contados pelo narrador da história. Nesse caso, usa-se o **discurso indireto**. Veja como ficaria esse trecho em discurso indireto:

> A princesa perguntou ao príncipe se ele tinha um castelo. Ele respondeu que sim, e ela quis saber quantos quartos havia no castelo. Ele disse que tinha trinta e seis, e ela reclamou, achando pouco, mas disse que não fazia mal, pois depois eles fariam umas reformas...

Compare os dois textos, em discurso direto e em discurso indireto.

a) Qual deles permite visualizar a cena, como se estivéssemos assistindo a ela?

_____

b) Qual deles é mais ágil e dinâmico, envolvendo mais o leitor?

_____

10 Junte-se a um colega e passem o diálogo a seguir para o discurso indireto:

> Princesa — Muito obrigada, querido príncipe. Você por acaso é solteiro?
> Príncipe — Sim, minha querida princesa.
> Princesa — Então nós temos que nos casar, já! Você me beijou, e foi na boca, afinal de contas não fica bem, não é mesmo?

_____
_____
_____
_____
_____
_____
_____
_____

PALAVRAS EM CONTEXTO

1 A princesa diz ao príncipe: "Não me venha com desculpas esfarrapadas!". O que ela quis dizer com "desculpas esfarrapadas"?

_____

2 No trecho "E quero uma carruagem de marfim, sapatinhos de cristal e... e... joias, é claro!", por que foram empregadas reticências depois da palavra **e**?

   a) Para indicar que a princesa não sabia o que queria.

   b) Para indicar que a princesa estava pensando no que ia pedir.

   c) Para indicar que a princesa estava ansiosa.

3 Contrariada, a princesa diz: "Não, não e não, e outra vez não e mais uma vez não!".

   a) Por que ela usa cinco vezes a palavra **não**?

   _____
   _____
   _____
   _____

   b) Por que foi empregado o ponto de exclamação no final da frase?

   _____
   _____
   _____
   _____

DEZ LIVROS QUE VOCÊ NÃO PODE DEIXAR DE LER

- *Mais respeito, eu sou criança!*, de Pedro Bandeira (Moderna)
- *Versos para os pais lerem aos filhos em noites de luar*, de José Jorge Letria (Peirópolis)
- *A boneca de pano*, de Rubem Alves (Loyola)
- *O melhor de La Fontaine — Fábulas*, com tradução e adaptação de Nílson José Machado (Escrituras)
- *A bolsa amarela*, de Lygia Bojunga (Casa Lygia Bojunga)
- *O menino marrom*, de Ziraldo (Melhoramentos)
- *Coisas que toda garota deve saber*, de Samantha Rugen / *Coisas que todo garoto deve saber*, de Antonio Carlos Vilela (Melhoramentos)
- *Ou isto ou aquilo*, de Cecília Meireles (Global)
- *Cordelinho*, de Chico Salles (Rovelle)
- *Viagem pelo Brasil em 52 histórias*, de Silvana Salerno (Companhia das Letras)

TEXTO E INTERTEXTO

Leia a tira a seguir e responda às questões 1 a 5.

1 A tira faz referência a um conhecido conto maravilhoso. Qual é o conto?
_____

2 Qual é o problema que a personagem já tinha?
_____
_____

3 O que representa a expressão "pi pi pi pi", no segundo e no terceiro quadrinho?
_____

4 O humor da tira está no fato de ela:

a) revelar uma característica desconhecida da personagem.

b) imitar a história original, dando a ela o mesmo final.

c) criar um conto maravilhoso desconhecido pelo público.

d) colocar a personagem principal no mundo de hoje.

5 Compare o texto "Príncipe desencantado" com a tira que acabou de ler. O que há em comum entre eles?
_____
_____

Exercícios

Leia o texto a seguir e responda às questões 1 a 4.

© Zack Seckler/Getty Images

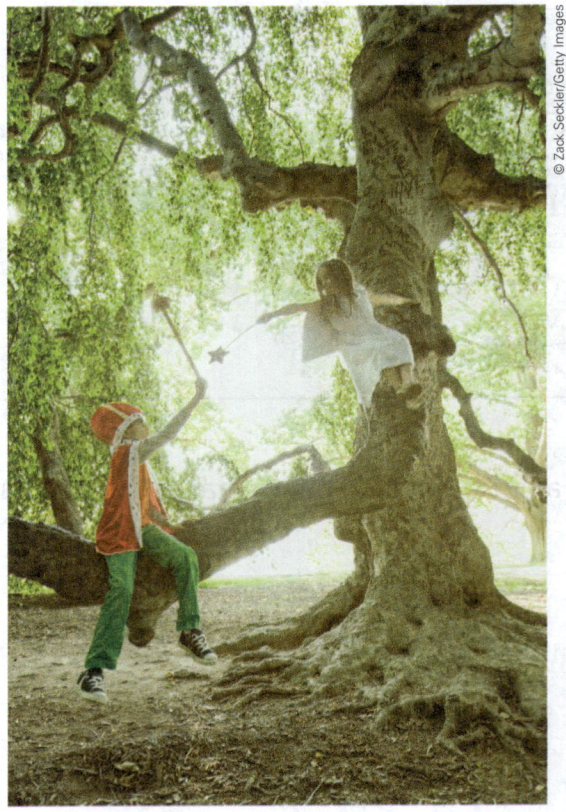

1 A foto retrata duas crianças. Elas provavelmente estão:

a) em um parque.
b) dentro de um museu.
c) em uma avenida.
d) em uma rua.

2 Observe as roupas das crianças e os objetos que elas seguram. As crianças estão:

a) conversando.
b) brigando.
c) brincando.
d) trabalhando.

3 Pela luminosidade da foto, deduz-se que a cena ocorre:

a) em um dia ensolarado.
b) em um dia chuvoso.
c) em uma noite nublada.
d) em uma noite enluarada.

4 Na brincadeira das crianças:

a) a menina faz o papel de rainha, e o menino, de anjo.
b) a menina faz o papel de bruxa, e o menino, de rei.
c) a menina faz o papel de fada, e o menino, de rei.
d) a menina faz o papel de princesa, e o menino, de príncipe.

Os textos a seguir são duas fábulas: a primeira é de Charles Perrault, escritor francês do século XVII; a segunda é de David Hernández Labastida, escritor mexicano atual. Leia os textos e responda às questões 5 a 9.

A lebre e a tartaruga

Como uma Lebre se pusesse a zombar da lentidão de uma Tartaruga, esta a desafiou para uma corrida. A Lebre a vê partir e a deixa adiantar-se tanto que, por mais esforços que fizesse depois, ela tocou o ponto de chegada antes.

(Charles Perrault. *Contos e fábulas*. São Paulo: Iluminuras, 2007. p. 154.)

A lebre e a tartaruga

Humilhada depois da competição, a lebre correu — dessa vez, sim, bem depressa — tentando escapar da zombaria de todos os bichos do bosque. Ninguém tentou segui-la para que explicasse a razão da derrota, e muito menos para consolá-la.

A plateia estava feliz; todos sentiam-se vingados da petulância da lebre e gritavam vivas à tartaruga, que incansavelmente, e com muita paciência, manteve o passo para derrotar a convencida.

Carregaram o quelônio nos ombros e desfilaram com ele durante horas, até que caíram exaustos no capim, com um sorriso de íntima satisfação.

Enquanto isso, a lebre se esgueirou com as orelhas abaixadas até a toca da doninha. Ali, entre brindes e gargalhadas, repartiram com o coiote o prêmio que haviam recebido por apostar na tartaruga.

(David Hernández Labastida. *Não era uma vez... Contos clássicos recontados*. São Paulo: Melhoramentos, 2010. p. 101.)

5) Na fábula de Charles Perrault, a disputa entre a lebre e a tartaruga ocorreu porque:
a) as duas gostavam de corridas.
b) a tartaruga ofendeu a lebre.
c) a tartaruga desafiou a lebre.
d) a lebre desafiou a tartaruga.

6) Na versão de Perrault, o que levou a lebre à derrota?
a) A velocidade da tartaruga.
b) O desinteresse da lebre.
c) A baixa velocidade da lebre.
d) A confiança excessiva da lebre.

7) O que há em comum entre a versão tradicional de Perrault e a versão moderna de Labastida é:
a) a derrota da tartaruga.
b) a derrota da lebre.
c) a inteligência da lebre.
d) a inteligência da tartaruga.

8) Na versão de Labastida, os animais estavam felizes com a derrota da lebre porque ela:
a) merecia ganhar.
b) era convencida.
c) sabia competir com a tartaruga.
d) nunca ganhava a corrida.

9) Na versão de Labastida, a lebre foi:
a) manhosa, pois estava com preguiça de correr.
b) amiga, pois tinha pena da tartaruga.
c) esperta, pois perdeu a corrida para ganhar uma aposta.
d) maldosa, pois queria vencer a tartaruga.

Leia este poema, de Elias José, e responda às questões 10 a 18.

A cigarra e a formiga

Aonde vai, dona formiga,
tão magricela,
tão carrancuda,
tão amuada,
com cara de viúva
tão mal-amada?

Pra refrescar
essa carranca
e abrir o riso,
pare um pouco
de trabalhar.

Passe um pouco
por uma árvore antiga,
pra ouvir bela cantiga
de sua amiga,
dona cigarra.

Vai ver que canto,
vai ver que festa,
vai ver que garra,
vai ver que espanto.

Mas nada de conselhos,
de pegar no pé
com papo duro.
Você sabe que a cigarra
não se agarra
a ameaças do futuro.

Pra que briga, dona formiga?
Você sabe de coisa melhor
do que cantar?
Se Deus criou, se esqueceu
de me avisar.

(*Forrobodó no forró*. São Paulo: Mercuryo Jovem, 2006. p. 24.)

10 O poema se baseia na fábula:
- a) *A lebre e a tartaruga*.
- b) *A cigarra e a formiga*.
- c) *O lobo e o cordeiro*.
- d) *A raposa e as uvas*.

11 Troque ideias com os colegas. Na fábula original:
- a) a cigarra se dá mal.
- b) a cigarra se dá bem.
- c) a formiga se dá mal.
- d) a cigarra e a formiga dão uma festa.

12 Releia estes versos:

> Aonde vai, dona formiga,
> tão magricela,
> tão carrancuda,
> tão amuada,
> com cara de viúva
> tão mal-amada?

Nesses versos, a formiga é retratada como uma pessoa:
- a) feliz.
- b) triste.
- c) mal-humorada e infeliz.
- d) paciente.

13 O conselho que a pessoa que fala no poema dá para a formiga se resume a:
   a) pare de trabalhar um pouco.
   b) trabalhe um pouco mais.
   c) não trabalhe nos feriados e finais de semana.
   d) nunca tire férias.

14 O conselho que a pessoa que fala no poema dá para a formiga a respeito de diversão é:
   a) aprenda a cantar.
   b) passe por uma árvore e escute o canto de uma cigarra.
   c) saia para passear.
   d) descanse e cante.

15 A fábula contada por Elias José é um poema, pois foi organizada em versos e estrofes. O poema apresenta:
   a) 6 versos ou 6 estrofes.
   b) 6 estrofes e 31 versos.
   c) 31 estrofes e 6 versos.
   d) 31 estrofes ou 31 versos.

16 O poema apresenta rimas. As palavras que rimam com **antiga** e **canto** são, respectivamente:
   a) cantiga e amiga; espanto.
   b) cigarra; pouco.
   c) espanto; cantiga e amiga.
   d) formiga; magricela.

17 Releia estes versos:

> Mas nada de conselhos,
> de pegar no pé
> com papo duro.
> Você sabe que a cigarra
> não se agarra
> a ameaças do futuro.

Esses versos fazem referência a um fato que acontece na fábula original. Tal fato acontece quando:
   a) a formiga procura a cigarra para cantarem juntas.
   b) a cigarra descansa na casa da formiga, no inverno.
   c) a formiga quer parar de trabalhar para cantar com a cigarra.
   d) a cigarra procura as formigas, estas a repreendem, dizendo que ela deveria ter trabalhado na primavera.

18 Segundo o poema, a cigarra "não se agarra a ameaças do futuro", ou seja, ela:
a) só pensa no futuro.
b) não pensa no presente.
c) só pensa no presente.
d) não pensa nem no presente nem no futuro.

Leia o texto a seguir e responda às questões 19 a 23.

A origem dos contos de fadas

Geralmente os contos de fadas são transmitidos oralmente e começam com "Era uma vez". Os contos apresentam histórias em que há um herói ou heroína que enfrenta vários obstáculos para depois conseguir triunfar contra o mal. Esses contos muitas vezes têm uma "moral da história" que faz com que as crianças reflitam sobre seus atos.

[...]

Charles Perrault foi o primeiro a adaptar os contos e torná-los "infantis". Ele reescreveu oito histórias que hoje são muito conhecidas, são elas: *A Bela Adormecida, Chapeuzinho Vermelho, O Barba Azul, O Gato de Botas, As Fadas, Cinderela* ou *A Gata Borralheira, Henrique do Topete* e *O Pequeno Polegar*. Perrault foi o criador do gênero Literatura Infantil, porém esta literatura só teve crescimento no século XVIII com as pesquisas e obras de Jacob e Wilhelm Grimm, mais conhecidos como os Irmãos Grimm.

[...]

(Priscila Melo. Disponível em: www.estudokids.com.br/a-origem-dos-contos-de-fadas/. Acesso em: 9/1/2020.)

19 A finalidade principal do texto lido é:
a) contar uma história com príncipes e princesas.
b) explicar como nasceu e se desenvolveu o conto de fadas.
c) divertir os leitores com aventuras surpreendentes dos heróis.
d) ensinar a fazer um conto maravilhoso.

20 Geralmente, os contos de fadas ou contos maravilhosos começam com a expressão:
a) Vou contar uma história...
b) No passado...
c) Noutro dia....
d) Era uma vez...

21 Na maioria dos contos maravilhosos há:
a) somente vilões.
b) bruxas.
c) heróis ou heroínas, obstáculos, moral da história.
d) anões.

22 A moral da história procura ser:
a) um ensinamento de vida para os leitores e ouvintes.
b) uma explicação científica sobre algo.
c) uma justificativa de um acontecimento.
d) a negação do que foi dito antes.

23 O primeiro escritor a transformar os contos de fadas em histórias infantis foi:
a) Grimm.
c) Esopo.
b) Jacob.
d) Charles Perrault.

Leia o texto a seguir e responda às questões 24 a 26.

24 Pode-se dizer que a imagem mostra:
a) a capa de um livro que conta como nasceu a Turma da Mônica.
b) a capa de um livro que conta a história de Chapeuzinho Vermelho, por Mauricio de Sousa.
c) a capa de um livro que conta a história de Chapeuzinho Vermelho, na qual Mônica faz o papel de lobo.
d) a capa de uma revista de histórias em quadrinhos com todos os personagens da Turma da Mônica.

25 A capa do livro de Mauricio de Sousa faz referência ao conto *Chapeuzinho Vermelho* porque aparecem:
a) um jardim, uma menina e um cachorro.
b) flores, criança e lobo.
c) menina de gorro vermelho, cesto com alimentos, bosque e lobo.
d) lanche, flores e criança.

26 O(a) personagem que representa Chapeuzinho Vermelho é o(a):
a) Tina.
b) Cebolinha.
c) Magali.
d) Mônica.

Leia o texto a seguir. Depois responda às questões 27 a 29.

SINOPSE

Malévola, uma jovem de coração puro, vive em um pacífico reino na floresta, até o dia em que um exército invasor ameaça a harmonia da região, fazendo com que ela se torne a mais feroz protetora do reino. No entanto, uma terrível traição a transforma em uma mulher amarga e vingativa. Como consequência, amaldiçoa Aurora, filha recém-nascida do rei. Mas, aos poucos, Malévola percebe que a criança é a chave para a paz no reino e para sua verdadeira felicidade também.

(Disponível em: www.sobral.ce.gov.br/informes/principais/cinema-na-casa-apresenta-o-filme-malevola-neste-sabado-30-03. Acesso em: 12/1/2020.)

27) O texto é uma sinopse de um filme. **Sinopse** é:
a) uma explicação sobre o tempo e o espaço.
b) um longo resumo sobre cada um dos personagens.
c) uma justificativa do diretor.
d) um breve resumo da história do filme.

28) Pela imagem do cartaz, pode-se dizer que o filme é indicado para:
a) adultos, somente.
b) crianças abaixo de 10 anos.
c) adultos com mais de 18 anos.
d) crianças a partir de 10 anos e o público em geral.

29) Pela sinopse e pela imagem do cartaz, o enredo de *Malévola* pode ser considerado um:
a) conto maravilhoso tradicional.
b) conto de terror.
c) conto maravilhoso moderno.
d) conto de humor.

Leia o cartaz a seguir. Depois, responda às questões 30 a 33.

30) O anúncio publicitário divulga um espetáculo de:
a) dança.
b) teatro.
c) cinema.
d) música.

31 O assunto do espetáculo é:

a) como as princesas dos contos viveriam no mundo real.

b) o cotidiano das princesas num mundo encantado.

c) as princesas que acreditam em contos maravilhosos.

d) o mundo real das princesas de hoje.

32 Observe a frase:

EU ACREDITO EM CONTOS DE FADAS

Reprodução/https://www.clubinhodeofertas.com.br/rio-de-janeiro

Utiliza-se o símbolo *hashtag* no início da frase para:

a) indicar não concordância com o assunto.

b) não fazer parte de um grupo.

c) direcionar o texto a um grupo ou facilitar a localização de um assunto.

d) excluir um grupo ou assunto.

33 Leia novamente a frase:

EU ACREDITO EM CONTOS DE FADAS

Reprodução/https://www.clubinhodeofertas.com.br/rio-de-janeiro

Ela é:

a) um fato.

b) uma opinião.

c) uma opinião baseada em fatos reais.

d) um fato real baseado em opiniões.

CAPÍTULO 2

Saúde

Será que podemos fazer tudo o que queremos?
Comer qualquer coisa e de qualquer jeito, tomar banho só quando temos vontade, não ir ao médico e até não tomar vacinas?
Quais são as consequências disso tudo para a nossa saúde?

Leia o texto a seguir.

COMER

Todos nós sabemos o básico sobre comer — e não estou falando sobre levar comida à boca, mastigar e engolir. Mas, de vez em quando, deparamos com situações em que surgem dúvidas sobre o que fazer. Logo veremos as mais comuns. Antes, vamos relembrar as boas maneiras à mesa...

Faça	Não faça
Use o garfo e a faca corretamente.	Não picote toda a comida para depois ir comendo os cubinhos.
Corte cada pedaço de comida antes de levá-lo à boca.	Não espete o bife (ou outra comida) com o garfo nem corte o pedaço a ser mastigado com os dentes. (Já passamos da Idade da Pedra...)
Pegue porções moderadas com o garfo, que lhe permitam mastigar calmamente, de boca fechada.	Não ponha comida demais na boca. Ainda que você consiga mastigar de boca fechada, todos perceberão seu esforço em mastigar. (O que é nojento! ECA!)
Mantenha-se ereto na cadeira, sem apoiar os braços nem cotovelos na mesa enquanto come.	Não deixe os braços ao redor do prato, como se estivesse defendendo a comida com sua vida.
Leve a comida até a boca com o garfo.	Não se abaixe, levando a boca ao prato.
Se quiser, ao terminar elogie a comida.	Não diga gracinhas como "estou cheio!", "comi feito um porco!". Não faça barulhos desagradáveis, como ficar batendo o joelho embaixo da mesa ou raspando o garfo ou a faca no prato.

Não é necessário dizer que você não deve fazer nada grosseiro, como tirar meleca do nariz, das orelhas, das unhas ou dos dentes. Aliás, é bom que se diga: não dá para entender por que tantos restaurantes mantêm paliteiros nas mesas. Limpar os dentes em público é um horror.

Fazer aquela "cabaninha" com as mãos não ajuda em nada. Além do quê, os palitos machucam seus dentes e gengivas. Se estiver com algum pedaço de comida encravado entre os dentes, espere para limpar, no banheiro de casa, com fio dental.

(Antonio Carlos Vilela. *Coisas que todo garoto deve saber*. São Paulo: Melhoramentos, 2005. p. 63.)

1 Leia a fonte do texto. Nela consta o nome da obra em que o texto foi publicado e por ela é possível deduzir o público que o livro pretende atingir. Qual é o público que esse livro pretende atingir?

_____

2 O texto tem um objetivo muito claro em relação ao seu público. Qual é a finalidade principal do texto?

_____

3 Observe, a seguir, algumas das formas verbais empregadas no texto.

- **Use** o garfo [...].
- Não **picote** toda a comida [...].
- **Pegue** porções moderadas [...].
- **Mantenha**-se ereto na cadeira [...].

O que esses verbos expressam: dúvida, certeza ou aconselhamento?

_____

4 Um único texto pode apresentar, sobre um assunto, fatos (coisas que são reais e verdadeiras) e opiniões (coisas que não são necessariamente verdadeiras, mas dependem do ponto de vista da pessoa). Entre as frases do texto a seguir, indique aquelas que apresentam opinião.

- "Limpar os dentes em público é um horror."

- "Todos nós sabemos o básico sobre comer [...]."

- "Não é necessário dizer que não se deve fazer nada grosseiro [...]."

- (Já passamos da Idade da Pedra...)

5 Segundo o texto, há pessoas com o hábito de limpar os dentes com palito.

a) Qual é a consequência desse hábito?

_____

_____

b) Por que o mais adequado é usar fio dental?

_____

_____

6 O autor menciona alguns "comportamentos grosseiros" que, segundo ele, não se deve ter à mesa.

a) Quais são eles?

_____

_____

b) Que reações esses comportamentos podem provocar nas pessoas que participam da refeição?

_____

_____

7 Releia os trechos abaixo e observe a linguagem do texto:

> - Não deixe os braços ao redor do prato como se estivesse defendendo a comida com sua vida.
> - Não diga gracinhas como "estou cheio!", "comi feito um porco!".
> - Não faça barulhos desagradáveis, como ficar batendo o joelho embaixo da mesa ou raspando o garfo ou a faca no prato.

O texto tem um tom sério ou divertido? Que palavras, expressões ou situações justificam sua resposta?

_____
_____
_____

8 Como você se comporta à mesa? Você concorda com as sugestões dadas pelo autor do texto? Troque ideias com os colegas e com o professor.

TEXTO E INTERTEXTO

Leia o texto a seguir e responda às questões 1 a 6.

(Nik. *Gaturro*. Cotia: Vergara & Riba, 2008. v. 2, p. 67.)

1 O gato Gaturro está na cama do dono.

   a) O que, provavelmente, o gato está fazendo?

   _____

   _____

   b) O que se entende com a expressão **saia já por bem...!!** com reticências e exclamações, no final da frase?

   _____

   _____

2 Observe as expressões faciais de Gaturro e as de seu dono do 1º ao 3º quadrinho. O que revelam a respeito:

   a) do dono?

   _____

   b) de Gaturro?

   _____

   _____

3 Releia o 2º quadrinho.

   a) Observe o formato dos dois balões. Por que eles são diferentes?

   _____

   _____

   _____

   _____

b) Por que em um deles as letras são maiores?

_____

_____

_____

c) O que significa **ui ui ui** na fala do Gaturro?

_____

_____

_____

d) Retire do texto outra expressão em que o gato age da mesma forma.

_____

4 Qual é a consequência de Gaturro não atender às ordens de seu dono?

_____

_____

_____

5 Discuta com o professor e os colegas. Você acha que lugar de animais é na cama? Quais são as consequências desse hábito para o ser humano?

6 Compare o texto "Comer" com a tira do Gaturro. Há em comum entre eles o tema:

☐ saúde.

☐ higiene.

☐ comportamento.

☐ amizade.

Leia a anedota a seguir e responda às questões 7 a 10.

— Para termos uma vida saudável, devemos nos alimentar de forma correta — dizia a professora.
— Por isso, é importante saber o valor nutritivo dos alimentos. Paulinha, dê um exemplo de alimento que engorda!
— Pão, professora! — respondeu Paulinha.
— Exatamente — enfatizou a professora.
— Pão é um dos alimentos que mais engordam.
— Errado, professora — gritou Zezinho lá do fundo. — O pão não engorda, e sim quem come ele!

(Paulo Tadeu. *Proibido para maiores — As melhores piadas para crianças*. 8. ed. São Paulo: Matrix, 2007. p. 34.)

7 O humor da anedota é construído a partir de um mal-entendido em relação à linguagem utilizada. Qual é o mal-entendido?

_____

_____

8 Como é que a professora poderia ter falado para ser mais clara? Marque:

a) O alimento que menos engorda.

b) Alimento pouco calórico.

c) Alimento nutritivo.

d) Alimento que faz engordar.

9 Qual é a finalidade do texto?

_____

10 Compare o texto "Comer" com a anedota. O que eles têm em comum?

_____

_____

Exercícios

Observe a pintura a seguir, de Norman Rockwell, e responda às questões 1 a 5.

▸ *A febre* (1937).

1. A pintura retrata uma adolescente. Pela roupa da menina e pelas características do lugar, é possível inferir que ela está:
- a) na sala.
- b) no quarto.
- c) no escritório.
- d) na varanda.

2. A expressão facial da menina demonstra:
- a) alegria.
- b) euforia.
- c) tristeza.
- d) saudade.

3. Em cima da mesa estão provavelmente:
- a) bebidas.
- b) cosméticos.
- c) perfumes.
- d) remédios.

4) O nome de uma pintura é, muitas vezes, uma importante pista para sua compreensão. Com base no título da pintura, indique a afirmação correta.

a) A menina está doente e, por isso, precisa ficar em repouso no seu quarto.
b) A menina está se preparando para ver a febre de algum familiar.
c) A menina está lendo no jornal informações a respeito da febre.
d) A menina está lendo uma história de alguém que teve febre.

5) A menina tem nas mãos um papel no qual está escrito *Dance* ("Dança" ou "Baile", em português). Levante hipóteses: A menina está:

a) triste porque não foi convidada para ir ao baile.
b) triste porque está doente e não poderá ir ao baile.
c) curiosa, procurando ler informações a respeito de um baile.
d) com sono e sem ânimo para ir ao baile.

Leia a tira abaixo e responda às questões 6 e 7.

(Quino. *10 anos com Mafalda*. São Paulo: Martins Fontes, 2013. p. 120.)

6) No último quadrinho, pode-se inferir que:

a) a mãe vai bater no menino.
b) a mãe está levando o menino, à força, para tomar banho.
c) a professora está levando o menino para a escola.
d) o pai está levando o menino para tomar banho.

7) No 1º quadrinho, o uso de letras maiúsculas, de negrito e do sinal de exclamação sugere:

a) uma fala normal.
b) uma fala mansa e calma.
c) berros.
d) uma conversa normal com os pais.

Leia o texto a seguir e responda às questões 8 a 11.

Dia D da campanha de vacinação contra a gripe é realizado em Caruaru

O Dia D da Campanha Nacional de Vacinação contra a Influenza/Gripe será realizado no sábado (4) em todo o país. Em **Caruaru**, no Agreste de Pernambuco, os Centros de Saúde e as Unidades de Estratégias de Saúde da Família estarão abertos, das 7h30 às 16h30, nas zonas urbana e rural, para vacinar os grupos prioritários. Além das unidades, também haverá vacinação em pontos de apoio na cidade, como no Unicompras, Shopping Difusora, Feira de Artesanato, Polo Comercial e Bonanza do Maurício de Nassau.

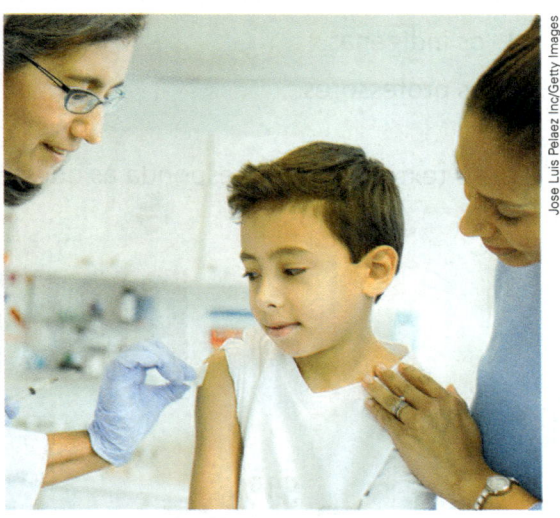

A vacinação do período é destinada a gestantes, mulheres no período de até 45 dias pós-parto, crianças de seis meses a menores de cinco anos, trabalhadores de saúde ativos, povos indígenas, indivíduos acima de 60 anos, pessoas portadoras de doenças crônicas não transmissíveis ou que possuam condições clínicas especiais com apresentação de prescrição médica, professores ativos da rede pública e particular, população privada de liberdade e funcionários do sistema prisional.

"Até o momento, foram aplicadas 19.388 doses nos grupos prioritários, lembrando que esses dados mudam diariamente, pois a campanha continua", explicou a coordenadora do Programa Nacional de Imunização (PNI), Sarah Rafael.

(Disponível em: https://g1.globo.com/pe/caruaru-regiao/noticia/2019/05/03/dia-d-da-campanha-de-vacinacao-contra-a-gripe-e-realizado-em-caruaru.ghtml. Acesso em: 24/1/2020.)

8 Segundo o texto, o Dia D da Campanha Nacional contra a Influenza/Gripe foi realizado:
a) apenas em Caruaru, no sábado, dia 4.
b) em todo o país, no sábado, dia 4.
c) apenas na região agreste de Pernambuco, no sábado.
d) apenas nos centros de saúde e no *Shopping* Difusora.

9 Em Caruaru haveria postos de vacinação:
a) nas zonas urbana e rural.
b) na zona urbana.
c) na zona rural.
d) apenas nos postos de saúde da cidade.

10 A campanha de vacinação pretendia atender:
- a) crianças e idosos.
- b) idosos e mulheres grávidas.
- c) professores e idosos.
- d) grupos prioritários.

11 **Não** faziam parte dos grupos prioritários:
- a) os indígenas.
- b) os professores.
- c) os idosos.
- d) os indivíduos a partir de 40 anos.

Leia o texto a seguir e responda às questões 12 a 16.

PRATO ideal

50% HORTALIÇAS

Entram nesse grupo as folhas, como alface e rúcula, e os legumes, como tomate e cenoura. São ricos em vitaminas, fibras e aumentam a sensação de saciedade. Consuma 3 variedades de folhosos ou legumes, de preferência crus ou refogados. Evite usar maionese, cremes, queijos amarelos e molhos prontos, pois contêm alto teor de gordura.
Quantidade/refeição: 1 prato de sobremesa de folhosos e 2 colheres de sopa (equivalente a 30g) de legumes.

Sugestões:
- Brócolis - rico em cálcio
- Couve - rica em ferro
- Cenoura - rica em vitamina A

25% PROTEÍNAS

Fazem parte desse grupo ovos e carnes. Têm papel importante na formação de músculos, ossos, cabelos, unhas e na produção de hormônios e enzimas. Escolha cortes magros (como maminha e patinho, no caso das carnes vermelhas) e procure prepará-los grelhados ou assados, evitando frituras. Para os vegetarianos, o tofu e a soja texturizada são boas opções de proteínas.
Quantidade/refeição: de 80g a 100g. Se optar por ovos, consuma no máximo dois.

Sugestões:
- Sardinha - rica em ômega 3
- Carne de frango - rica em vitamina D
- Ovo - rico em vitamina B12

12% LEGUMINOSAS

12% CARBOIDRATOS

Reprodução/https://drauziovarella.uol.com.br/

Nesse grupo estão todos os tipos de feijão, soja, lentilha e grão-de-bico. São alimentos ricos em alguns aminoácidos (que formam as proteínas), mas pobres em outros, por isso não são considerados fontes proteicas. Vem daí a tradição brasileira de ingeri-los com alimentos que corrijam tais deficiências, como cereais (arroz), equilibrando as necessidades nutricionais.
Quantidade/refeição: 3 colheres de sopa (equivalente a 45g).

Sugestões:
- Feijão preto - rico em ferro
- Soja - rica em potássio
- Grão-de-bico - rico em vitaminas do complexo B

Entram nesse grupo pães, arroz, massas em geral, milho, batata, batata-doce, mandioca e farinhas. São alimentos energéticos e ricos em vitaminas e minerais. Ao contrário do que muitos pensam, se consumidos em quantidade adequada, até ajudam a manter o peso. Dê preferência para as versões integrais.
Quantidade/refeição: 3 colheres de sopa (equivalente a 45g).

Sugestões:
- Quinoa - rica em vitaminas do complexo B
- Aveia - rica em fibras
- Arroz integral - rico em vitaminas do complexo B

ÓLEO — DE 1 COLHER (CHÁ) A 1 COLHER (SOPA)

Consuma entre 1 colher de chá a 1 colher de sopa (equivalente a 10ml e 15ml, respectivamente). Essa deve ser a quantidade ingerida em toda a refeição, incluindo o óleo usado nos refogados e no tempero de saladas. O óleo mais indicado para preparar os alimentos é o de canola; para temperá-los, prefira o azeite de oliva. Use o mínimo possível de óleo para cozinhar e prefira usá-lo frio.

SAL — 1 PITADA

Uma refeição deve conter no máximo 2g de sal (um pacotinho geralmente tem 5g) por pessoa. Essa quantidade é referente a todo o prato, desde o preparo até o tempero. Se você gosta de comida mais temperada, tente compensar com outros condimentos, como orégano, alecrim e cheiro-verde.

BEBIDA — METADE DE UM COPO

O ideal é não tomar nenhum líquido durante as refeições, pois ele distende o estômago e prejudica a digestão e absorção de nutrientes. Se você não consegue evitar bebidas durante a refeição, procure ingerir apenas meio copo (cerca de 125ml). Evite refrigerantes, mesmo que light ou zero, pois o gás da bebida intensifica a distensão.

FRUTAS ou SOBREMESA

A melhor opção para adoçar o paladar após as refeições é comer uma fruta. Elas também contêm açúcar, mas em forma de frutose, um tipo de carboidrato simples de fácil digestão. Não exagere, pois o consumo demasiado de frutas não é um hábito saudável. A quantidade ideal são 110g, o equivalente a uma laranja média ou um cacho pequeno de uvas.

Se a vontade de comer uma guloseima for mais forte, tente limitar seu consumo a no máximo 20g por dia. Pode ser uma fatia bem pequena de torta de chocolate ou um bombom. Para manter o controle, observe que a quantidade de sacarose (açúcar refinado branco) consumida diariamente não deve ultrapassar 10% da sua ingestão calórica. Exemplo: em uma dieta de 2.000kcal, o doce não deve corresponder a mais que 200kcal.

WWW.DRAUZIOVARELLA.COM.BR

CONSULTORIA: CAMILA LEONEL, NUTRICIONISTA DA ESCOLA PAULISTA DE MEDICINA DA UNIFESP (UNIVERSIDADE FEDERAL DE SÃO PAULO) E MADALENA VALLINOTI, NUTRICIONISTA DIRETORA DO SINESP (SINDICATO DOS NUTRICIONISTAS).

(Disponível em: http://staging.drauziovarella.nousk.com.br/infograficos/veja-como-montar-um-prato-ideal-infografico/#imageclose-32363. Acesso em: 24/1/2020.)

12 Segundo o texto, o prato ideal deve conter:
a) mais carboidrato e menos proteína.
b) mais proteína e menos hortaliças.
c) mais hortaliças e menos leguminosas e carboidratos.
d) mais leguminosas e menos carboidratos.

13 Deve-se usar óleo:
- a) frio e o mínimo possível para cozinhar.
- b) à vontade, em todas as refeições.
- c) apenas em saladas.
- d) à vontade, nos refogados e temperos.

14 Segundo o texto, o ideal é que:
- a) se tome um refrigerante zero nas refeições.
- b) se tome um líquido com gás.
- c) se tome meio copo de líquido em todas as refeições.
- d) não se tome nenhum líquido durante as refeições.

15 Nas refeições, recomenda-se fazer uso de:
- a) muito sal.
- b) pouco sal.
- c) orégano e alecrim.
- d) salsa e alecrim.

16 Para sobremesa, o ideal é que se coma:
- a) um doce.
- b) um bolo de chocolate.
- c) uma fruta ou um doce pequeno.
- d) nenhuma sobremesa.

Observe a imagem ao lado, depois responda às questões 17 e 18.

17 A finalidade do aplicativo *Ficha médica* é de:
a) preencher dados do celular.
b) enviar para o médico, quando necessário.
c) armazenar dados da pessoa, em caso de acidentes.
d) controlar a saúde pelo aplicativo.

18 O aplicativo *S.O.S de Emergência* tem a função de, em caso de perigo, ser acionado para:
a) avisos de atraso.
b) ligar para a Polícia ou para um contato de confiança, dando sua localização.
c) ligar para todos os amigos.
d) bloquear ligações indesejadas.

Leia o texto a seguir e responda às questões 19 a 22.

Entenda por que as 'Paraolimpíadas' agora se chamam 'Paralimpíadas'

Mudança no nome foi feita em novembro do ano passado.
Ideia foi uniformizar nome usado nos outros países de língua portuguesa.

[...] as Paralimpíadas, jogos esportivos envolvendo pessoas com algum tipo de deficiência, eram chamadas no Brasil de Paraolimpíadas. No entanto, em novembro do ano passado, durante o lançamento da logomarca dos Jogos Paralímpicos de 2016, no Rio, o nome dos jogos perdeu a letra "o" e passou a ser chamado de Paralimpíadas a pedido do Comitê Paralímpico Internacional.

A intenção foi igualar o nome ao uso de todos os outros países de língua portuguesa: Angola, Cabo Verde, Guiné-Bissau, Moçambique, Portugal, São Tomé e Príncipe e Timor Leste, onde já se usava o termo Paralimpíadas. Além disso, a palavra "olimpíadas" é referente a outra organização esportiva, o Comitê Olímpico Internacional.

A palavra vem do inglês "paralympic", que mistura o início do termo "paraplegic" com o final de "olympics" para designar o atleta paralímpico.

(Disponível em: http://g1.globo.com/educacao/noticia/2012/08/entenda-por-que-paraolimpiadas-passaram-se-chamar-paralimpiadas.html. Acesso em: 24/1/2020.)

19 Paralimpíadas são jogos esportivos que envolvem atletas:
a) que praticam algum tipo de esporte.
b) com deficiência visual.
c) com deficiência motora.
d) com algum tipo de deficiência.

20 O nome **Paraolimpíadas** foi trocado por **Paralimpíadas** para:
a) diferenciar o nome usado em todos os demais países de língua portuguesa.
b) igualar o nome ao utilizado em todos os outros países de língua portuguesa.
c) que os nossos atletas pertençam ao grupo das Olimpíadas.
d) atender ao pedido do Comitê Olímpico Internacional.

21 A palavra inglesa **paralympic**, que designa o atleta paralímpico, é:
a) a junção da palavra **para** com **lympic**.
b) a união da palavra **par** com **alympic**.
c) a mescla do início da palavra **paraplegic** com o final da palavra **olympics**.
d) a mistura do termo **plegic** com **pics**.

22 O nome da competição foi modificado no lançamento do logotipo dos Jogos Paralímpicos de:
a) 2020, no Rio.
b) 2010, no Rio.
c) 2019, em São Paulo.
d) 2016, no Rio.

Leia o texto a seguir e responda às questões 23 e 24.

FICHA DO ALUNO(A)

NOME:_____ IDADE: _____

PESO:_____ ALTURA: _____
IMC: _____ Nº CALÇADO: _____ Nº CAMISA: _____
DATA: _____/_____/_____
PRÓXIMA MEDIÇÃO EM: _____/_____/_____

PESO:_____ ALTURA: _____
IMC: _____ Nº CALÇADO: _____ Nº CAMISA: _____
DATA: _____/_____/_____
PRÓXIMA MEDIÇÃO EM: _____/_____/_____

PESO:_____ ALTURA: _____
IMC: _____ Nº CALÇADO: _____ Nº CAMISA: _____
DATA: _____/_____/_____
PRÓXIMA MEDIÇÃO EM: _____/_____/_____

23 O texto, geralmente utilizado em escolas, é:
   a) uma ficha médica para controle dos pais.
   b) um receituário médico para uso escolar.
   c) um receituário escolar para uso do aluno.
   d) uma ficha escolar para Educação Física.

24 O texto tem como finalidade:
   a) acompanhar o desenvolvimento físico do aluno durante certo período.
   b) observar o desenvolvimento motor do aluno durante certo período.
   c) acompanhar a aprendizagem do aluno durante certo período.
   d) observar o desenvolvimento físico e mental do aluno durante certo período.

CAPÍTULO 3

Amor

Podemos demonstrar o nosso amor pelo próximo de muitas maneiras: com um bom-dia, com um sorriso ou um abraço, com solidariedade, com carinho... Como você demonstra o seu amor?

Leia o texto a seguir.

CAMPANHA DO AGASALHO 2019

Com solidariedade e amor, é possível transformar o frio em calor!

FUNDO SOCIAL DE SOLIDARIEDADE SOROCABA
Prefeitura de SOROCABA

(Disponível em: https://fundosocial.sorocaba.sp.gov.br/. Acesso em: 21/1/2020.)

1 O texto divulga uma campanha do agasalho.

a) Quem promove a campanha?
_____
_____

b) A quem o texto se destina, principalmente?
_____

c) Com qual finalidade foi publicado?
_____
_____

2 Observe o desenho da menina que aparece no texto.

a) Como ela está vestida?
_____

b) Por que ela está com essa roupa?
_____

3 Observe as folhas que estão caindo ao redor da menina e levante hipóteses: Que estações do ano elas representam?
_____

4 Releia a frase da campanha:

Com solidariedade e amor, é possível transformar o frio em calor!

Reprodução/https://fundosocial.sorocaba.sp.gov.br

43

a) O que é ser solidário, no contexto?

_____

b) Segundo o texto, como se transforma frio em calor?

_____

_____

5) E você, já participou de alguma campanha do agasalho? O que faz com as roupas que não vai mais usar? Conte para os colegas.

TEXTO E INTERTEXTO

Leia o texto a seguir.

Motorista de ônibus salva cachorro atropelado em rua do Rio e vídeo do animal viraliza na internet

Vídeo viralizou em rede social e o dono do sharpei foi localizado.

Por Bom Dia Rio
23/10/2019 07h29 Atualizado há 4 semanas

Um motorista da linha 368 (Riocentro × Candelária), da Viação Redentor, publicou um vídeo que viralizou na internet após salvar um cachorro atropelado na Zona Norte do Rio.

Na última sexta-feira (18), ao chegar na subida da serra Grajaú-Jacarepaguá, o motorista Michel se deparou com um cachorro atropelado na via.

O animal, da raça sharpei, estava bastante assustado. Michel parou o ônibus, pegou o animal e gravou um vídeo pedindo ajuda para encontrar os donos: "o cachorro é muito tranquilo, ele está machucado, mas preciso achar os donos".

Como ele não encontrou os responsáveis rapidamente, levou o cachorro ao veterinário e depois para a sua casa. O sharpei ganhou o nome de Serra, uma menção ao local em que foi socorrido.

O vídeo viralizou nas redes sociais e o dono acabou sendo localizado. Michel falou com o dono do "Serra", que está hospitalizado. Agora ele está aguardando um dia para que possa devolver seu novo amigo ao dono.

(Disponível em: https://g1.globo.com/rj/rio-de-janeiro/noticia/2019/10/23/motorista-de-onibus-salva-cachorro-atropelado-em-rua-do-rio-e-video-do-animal-viraliza-na-internet.ghtml. Acesso em: 21/1/2020.)

1 O texto lido é uma reportagem, uma notícia, um texto instrucional ou um texto de opinião? Por quê?

_____
_____

2 Um motorista de ônibus, da linha 368, se deparou com um cachorro atropelado na via.

a) Onde aconteceu esse fato?

_____

b) Quando ocorreu?

_____

3 Qual foi a atitude do motorista?

_____
_____

4 O cachorro era da raça sharpei. Em que situação o animal se encontrava?

_____
_____

5 Michel parou o ônibus e gravou um vídeo.

a) Com que finalidade ele fez isso?

_____

b) O que ocorreu com o vídeo?

_____

c) O motorista atingiu seu objetivo?

_____

6 Por que a frase "o cachorro é muito tranquilo, ele está machucado, mas preciso achar os donos" está entre aspas?

_____

_____

7 O motorista realizou um ato de solidariedade.

a) Você acha que ele agiria da mesma forma se o cão não fosse de raça?

_____

b) E você? O que faria se encontrasse um cachorro ou um gato atropelado na rua?

_____

_____

8 O que há em comum entre o cartaz da campanha do agasalho 2019, de Sorocaba, com o texto do motorista de ônibus que salvou o cachorro? Marque as alternativas que julgar corretas.

☐ solidariedade ☐ indiferença

☐ amor ☐ sensibilidade

Exercícios

Leia, a seguir, a letra de uma canção do compositor baiano Dorival Caymmi.

Suíte do pescador

1 Minha jangada vai sair pro mar
2 Vou trabalhar, meu bem querer
3 Se Deus quiser quando eu voltar do mar
4 Um peixe bom eu vou trazer
5 Meus companheiros também vão voltar
6 E a Deus do céu vamos agradecer

7 Adeus, adeus

8 Pescador, não se esqueça de mim
9 Vou rezar pra ter bom tempo, meu bem
10 Pra não ter tempo ruim
11 Vou fazer sua caminha macia
12 Perfumada com alecrim.

(Disponível em: http://letras.mus.br/dorival-caymmi/45589/. Acesso em: 22/3/2020.)

▶ *Peixe na praia* (2008), de Lucia Buccini.

1 Na canção há duas vozes.

a) Quem fala nos versos 1 a 6?

_____

_____

b) Quem fala nos versos 7 a 12?

_____

_____

2 Para o pescador, a pesca é um lazer ou é a sua profissão? Justifique sua resposta com um verso da canção.

_____

_____

3 O verso "Se Deus quiser quando eu voltar do mar" demonstra que o mar é:

a) calmo.   b) perigoso.   c) estável.   d) tranquilo.

4) O verso "Meus companheiros também vão voltar" sugere que a atividade da pesca é:
   a) individual.
   b) coletiva.

5) As duas pessoas que falam na canção se tratam com expressões como "meu bem querer" e "meu bem". Que tipo de sentimento parece haver entre essas pessoas?

   _____

   _____

6) A pessoa que fala nos versos 7 a 12 demonstra preocupação com a vida do pescador no verso:
   a) "Pescador, não se esqueça de mim"
   b) "Vou fazer sua caminha macia"
   c) "Vou rezar pra ter bom tempo, meu bem"
   d) "Perfumada com alecrim"

Leia este texto:

(Nik. *Gaturro*. Cotia: Vergara & Riba Editoras, 2008. v. 1, p. 7.)

7) Gaturro pinta a si próprio como personagem de quadros consagrados de pintores famosos da história da arte. Ele tem essa iniciativa porque:
   a) se acha tão importante quanto os artistas mais famosos.
   b) quer chamar a atenção de Ágata, a gatinha por quem é apaixonado.
   c) é um grande pintor.
   d) ele sabe que Ágata aprecia obras de arte.

8 Observe as pinturas que seguem. Depois, marque aquela que não é sugerida na história em quadrinhos de Gaturro.

a) *Autorretrato* (1889), de Van Gogh.

b) *A criação de Adão* (1511), de Michelangelo.

c) *Mona Lisa* (1503-1506), de Leonardo da Vinci.

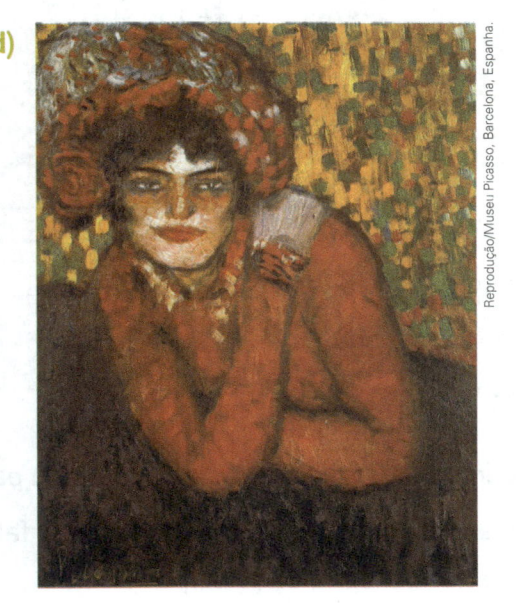

d) *Pierreuse com a mão no ombro* (1901), de Pablo Picasso.

9 A palavra **conquistAR-TE** foi grafada dessa forma para ressaltar:
a) a ideia de que Gaturro quer conquistar Ágata com arte.
b) o mau humor de Ágata diante do fracasso artístico de Gaturro.
c) a felicidade do gato ao mostrar-se um artista importante.
d) a decepção de Ágata ao ver que Gaturro não é um artista.

10 Ao dizer "Que quadro patético!", Ágata se refere:
a) aos quadros pintados por Gaturro.
b) aos quadros originais dos pintores.
c) à situação criada por Gaturro.
d) ao fato de Gaturro ser o melhor pintor.

49

11 A expressão facial de Gaturro demonstra que ele está:

   a) alegre.   b) ansioso.   c) indiferente.   d) desanimado.

12 No último quadrinho, a expressão corporal de Ágata demonstra:

   a) indiferença ao amor de Gaturro.
   b) paixão por Gaturro.
   c) correspondência amorosa.
   d) pena por saber que Gaturro a ama.

Leia a tira a seguir.

13 A tira faz ironia ao conto maravilhoso:

   a) A Bela Adormecida.
   b) Branca de Neve.
   c) Rapunzel.
   d) Cachinhos de ouro.

14 A palavra **in-crí-veis** foi grafada dessa maneira para:

   a) destacar o modo enfático como o príncipe falou a palavra.
   b) demonstrar a alegria do príncipe.
   c) indicar que o príncipe é gago.
   d) ressaltar o humor do príncipe.

15 A palavra **mega** pode ser substituída por:

   a) até.   b) pouco.   c) menos.   d) muito.

16 A expressão e a resposta da moça indicam que ela:

   a) adorou o penteado com fixador.
   b) ficou chateada porque o fixador arruinou o cabelo.
   c) ficou indiferente ao penteado.
   d) gostou do fixador, mas não do penteado.

17 Baseando-se em um conto maravilhoso, a tira obtém o efeito de humor ao:
- a) transformar o príncipe em cabeleireiro.
- b) ser fiel à história original.
- c) transformar com fixador as tranças da princesa em escada.
- d) fazer referência a um anúncio comercial.

Leia o cartum a seguir.

(Disponível em: www.ziraldo.com.br. Acesso em: 22/1/2020.)

18 O cartum retrata uma festa de aniversário preparada pela Supermãe, personagem de Ziraldo. A expressão facial do homem demonstra:
- a) raiva.
- b) tristeza.
- c) alegria.
- d) espanto.

19 O humor da tira está no fato de:
a) a Supermãe presentear o rapaz com uma festa.
b) a Supermãe preparar para o filho adulto uma festa infantil.
c) o rapaz não gostar de festas e comemorações.
d) o rapaz ficar contente com a festa.

20 O tema do texto é:
a) a festa de aniversário de um adulto.
b) a surpresa do filho ao notar que ganhou uma festa.
c) a superproteção da mãe em relação ao filho adulto.
d) a surpresa da mãe ao ver a alegria do filho.

Leia esta página do diário de Julieta, personagem de Ziraldo:

Depois eu recebi este bilhete da Titia.

Ela acertou no papel da carta!

Hum... Acho que não!

Juquinha querida:
Obrigada por cuidar do seu priminho. Você leva jeito com crianças! Fez milagres com ele!
Seu primo adorou o dia e disse que quer repetir a visita toda semana. Vamos marcar?
Tia Rosélia

(Ziraldo. *O diário da Julieta — As histórias mais secretas da Menina Maluquinha.* São Paulo: Globo, 2010. p. 89.)

21 O tema do bilhete enviado por Tia Rosélia a Julieta é:
a) o agradecimento do primo pelo fato de Julieta ter cuidado dele.
b) o agradecimento da tia pelo fato de Julieta ter cuidado do primo.
c) os gatos de que Julieta gostou.
d) o papel de carta de que Julieta gostou.

22 Pelos bilhetinhos de Julieta, infere-se que o primo:
   a) não deu trabalho à menina.
   b) deu muito trabalho à menina.
   c) dormiu muito.
   d) não gostou de ficar com a prima.

Leia a crônica a seguir.

Ninho de sabiá

Um ninho foi construído na nossa pitangueira. Ela ainda não estava em flor nem nada, foi bem quando o inverno ainda era inverno, não esse calor de verão que tapeia os nossos sentidos. Foi um casal de sabiás-laranjeira, daqueles do peito alaranjado, que resolveu fazer morada aqui no quintal.

Primeiro vimos os ovos, umas coisinhas brancas. Não acreditamos, afinal, quando é que você vê DE VER-DA-DE um ninho com ovinhos assim, do nada? Parecia coisa de livro ou de filme, sei lá. Fato é que a Dona Sabiá dava umas olhadas bem feias pra cima da gente, como se quiséssemos ver os ovinhos fritos no prato.

A pitangueira floriu. Aquela florada branca, parecia uma neve delicada sobre as folhas verde-claras, flores tão suaves e miúdas que a cada lufada de vento se despedaçavam e caíam em chuva branca sobre o jardim. E nada do sabiá sair do ninho.

As flores se foram, as pitangas começaram a aparecer. Cansamos de bisbilhotar e se passou uma semana. Então, uma algazarra na pitangueira, um tal de passarinhar pra lá e pra cá e, quando fomos ver, bom, não tinha mais nenhuma mancha branca no ninho.

Será que algum gato papou os ovos?

Uma coisa meio cinza meio cor-de-rosa passou rapidamente pelo nosso campo de visão. Um biquinho aberto, esperando comida da mãe. E nossos corações se encheram de alegria, não é todo dia que você testemunha algo tão grande como o nascimento de um ser.

(Clarice Reichstul. Disponível em: http://www1.folha.uol.com.br/colunas/claricereichstul/1160318-ninho-de-sabia.shtml. Acesso em: 22/1/2020.)

23 A narradora ficou surpresa porque:

a) "uma coisa meio cinza meio cor-de-rosa passou rapidamente pelo nosso campo de visão".
b) a passarinhada estava pra lá e pra cá.
c) um casal de sabiás-laranjeira construiu um ninho na pitangueira de sua casa.
d) as flores caíram e as pitangas começaram a aparecer.

24 O fato surpreendente para a narradora ocorreu:

a) no inverno.
b) no verão.
c) na primavera.
d) no outono.

25 A narradora comenta que o ninho com os ovinhos parecia "coisa de livro ou de filme". Isso demonstra que a família:

a) não estava acostumada a ver ninhos de pássaros no quintal e, antes, só os tinha visto em livros e filmes.
b) estava acostumada a ver ninhos de pássaros no quintal e também em livros e filmes.
c) não estava acostumada a ver ninhos de pássaros nem no quintal nem em livros e filmes.
d) nunca tinha visto ninhos de pássaros.

26 Dona Sabiá olhava feio para o pessoal da casa porque:

a) não gostava da pitangueira.
b) não queria chocar os ovos.
c) não gostava de humanos.
d) queria proteger os ovinhos.

27 Depois de um tempo, o que chamou a atenção da família?

a) As pitangas nascendo.
b) As flores caindo da pitangueira.
c) A algazarra das aves.
d) A cara feia da sabiá.

28 As pessoas da família não conseguiam mais ver os ovinhos. Elas achavam que:

a) a sabiá os tinha destruído.
b) os ovinhos tinham caído da pitangueira.
c) algum gato havia comido os ovinhos.
d) alguém havia levado embora.

29 As pessoas da família ficaram felizes porque:

a) colheram pitangas.
b) viram o nascimento dos filhotes.
c) adotaram os sabiás.
d) finalmente chegou a primavera.

Leia o poema a seguir, de Pedro Bandeira.

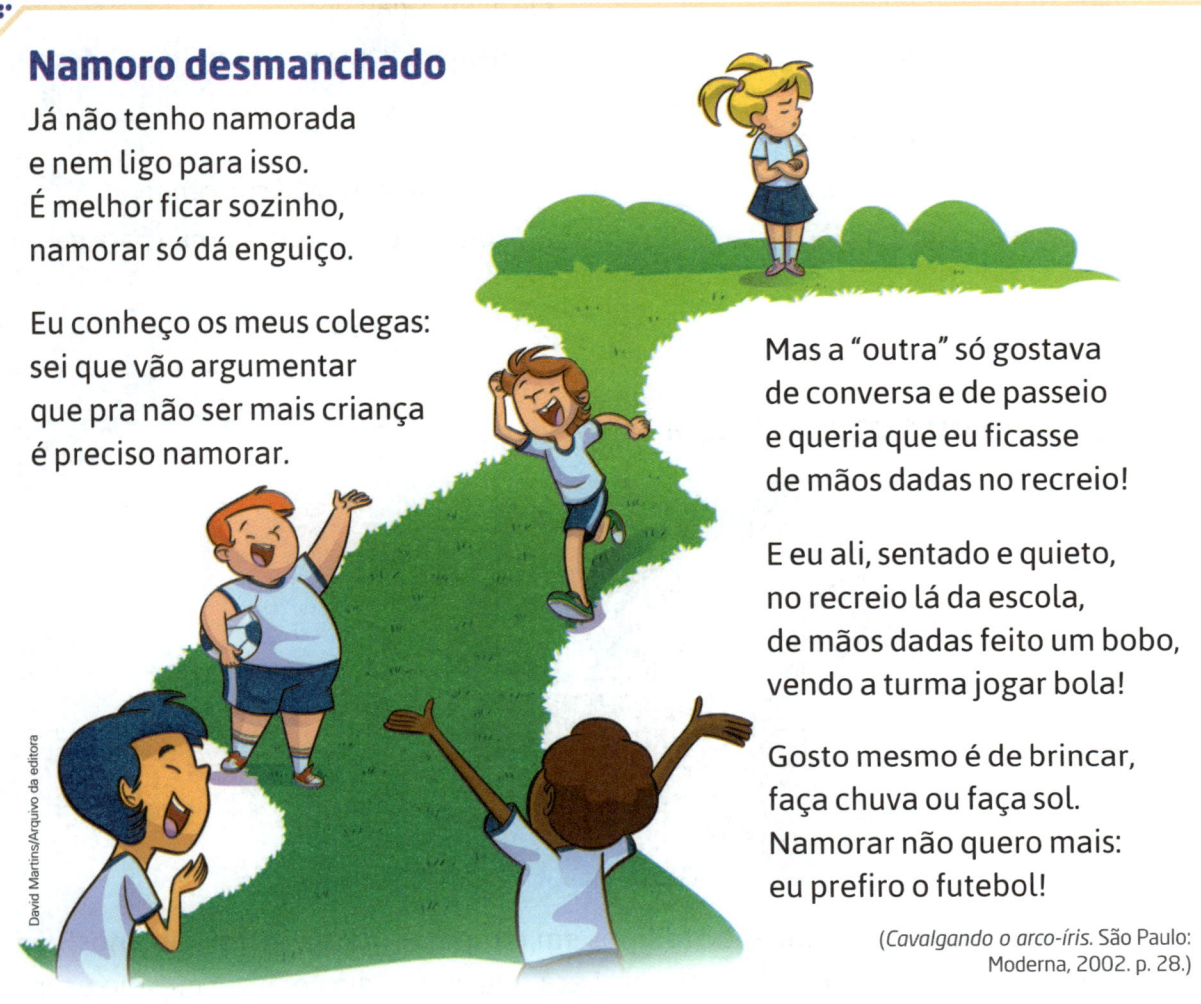

Namoro desmanchado

Já não tenho namorada
e nem ligo para isso.
É melhor ficar sozinho,
namorar só dá enguiço.

Eu conheço os meus colegas:
sei que vão argumentar
que pra não ser mais criança
é preciso namorar.

Mas a "outra" só gostava
de conversa e de passeio
e queria que eu ficasse
de mãos dadas no recreio!

E eu ali, sentado e quieto,
no recreio lá da escola,
de mãos dadas feito um bobo,
vendo a turma jogar bola!

Gosto mesmo é de brincar,
faça chuva ou faça sol.
Namorar não quero mais:
eu prefiro o futebol!

(*Cavalgando o arco-íris*. São Paulo: Moderna, 2002. p. 28.)

30 O eu lírico do poema, ou seja, a pessoa que fala, é:
a) uma menina.
b) um menino.
c) um rapaz.
d) uma mulher.

31 O eu lírico considera que namoro é:
a) essencial para a sua vida.
b) legal, pois, namorando, se sente adulto.
c) chato, pois, namorando, não pode brincar.
d) chato, mas gosta de namorar.

32 Ao empregar a expressão **a outra**, o eu lírico se refere:
a) à atual namorada.
b) a uma amiga.
c) à ex-namorada.
d) à futura namorada.

33 O eu lírico prefere:
   a) namorar a jogar bola.
   b) jogar bola a namorar.
   c) apenas namorar.
   d) namorar e jogar bola.

34 Para os colegas do eu lírico, namorar é:
   a) chato e não vale a pena.
   b) bom, mas brincar é melhor.
   c) sinal de que estão crescendo.
   d) coisa só para adultos, e não para garotos.

Leia o texto a seguir.

Limpando seu guarda-roupa

Uma boa coisa para se fazer de tempos em tempos (alguns meses, não anos!) é verificar o conteúdo de seu guarda-roupa. Será que algum dia você vai mesmo usar aquela calça se ela voltar à moda? E se voltar, você vai caber nela? Seja honesta consigo mesma e livre-se dela. Mas dispense só o que realmente estiver "fora de forma". Você também pode vender essas roupas aos brechós, ou até mesmo trocar por uma peça que lhe interesse! Ou, ainda, pode dar a roupa para alguém que queira, como sua irmã mais nova ou uma instituição de caridade.

Se lhe oferecerem roupa usada, não recuse automaticamente. Pense bem antes. Nunca se sabe, pode ser algo interessante.

(Samantha Rugen. *Coisas que toda garota deve saber*. São Paulo: Melhoramentos, 2005. p. 87.)

35 A autora se dirige a um interlocutor:
   a) masculino.
   b) feminino.
   c) masculino e feminino.
   d) indeterminado, pois nada indica, no texto, tratar-se de alguém do sexo feminino ou masculino.

36 Subentende-se que, se o interlocutor não limpar o guarda-roupa:
a) as roupas sairão de moda.
b) as roupas envelhecerão por ficarem guardadas.
c) haverá acúmulo de roupas não usadas.
d) ele não conseguirá escolher as roupas mais adequadas.

37 No trecho "alguns meses, não anos!", percebe-se um tom de:
a) ironia, brincadeira.
b) seriedade.
c) insulto.
d) indiferença.

38 Em "e se voltar, você vai caber nela?", a autora quer dizer que, com o passar do tempo, o interlocutor pode:
a) emagrecer muito.
b) engordar muito.
c) crescer, emagrecer ou engordar.
d) ficar como estava, ou seja, nem crescer, nem emagrecer, nem engordar.

39 A autora sugere ao interlocutor que não recuse automaticamente uma roupa usada porque há pessoas que:
a) doam roupas para quem precisa.
b) doam roupas fora de moda.
c) têm preconceito em relação a usar roupas usadas.
d) não têm preconceito em usar roupas usadas.

40 O texto lido é baseado em:
a) fatos.
b) opiniões.
c) fatos fictícios.
d) ordens.

CAPÍTULO 4

Natureza: um bem de todos

Sempre ouvimos dizer que a natureza está sendo destruída ou que o meio ambiente está sendo prejudicado pelo ser humano. Mas como isso acontece? E de que forma podemos contribuir para que isso mude?

Leia esta história em quadrinhos com a Turma da Mônica:

MEIO AMBIENTE — PARTE I

"NO DIA 5 DE JUNHO, É COMEMORADO O DIA MUNDIAL DO MEIO AMBIENTE!"

MAURICIO

"MAS O QUE É MEIO AMBIENTE?"

"BEM... É SÓ OLHAR 'A NOSSA VOLTA!"

"TUDO QUE NOS CERCA FORMA O MEIO AMBIENTE E É INDISPENSÁVEL PARA NOSSA SOBREVIVÊNCIA!"

© Mauricio de Sousa/Mauricio de Sousa Editora Ltda.

"A CAMADA DE OZÔNIO SE ENCONTRA NA ESTRATOSFERA!"

OIS!

"ELA É UM FINO ESCUDO QUE PROTEGE TODOS OS SERES VIVOS DOS RAIOS ULTRAVIOLETAS DO SOL!"

AHÁ!

"SE TODOS OS RAIOS ATINGISSEM A SUPERFÍCIE DA TERRA, PODERIAM CAUSAR PROBLEMAS AO HOMEM..."

OPS!

"...COMO CÂNCER DE PELE E OUTRAS DOENÇAS!"

PLA QUE O ESPALADLAPO?

PRA TAMPAR O BURACO NA CAMADA DE OZÔNIO!

"E AINDA AFETARIAM A AGRICULTURA E A COLHEITA!"

"NOS OCEANOS, MORRERIAM MUITOS PEIXES..."

"SE NÃO EXISTISSE MAIS A CAMADA DE OZÔNIO, A RADIAÇÃO ULTRAVIOLETA DO SOL ACABARIA COM A VIDA NA TERRA!"

"MAS A DESTRUIÇÃO DA CAMADA DE OZÔNIO SE DEVE, PRINCIPALMENTE, À EMISSÃO DE POLUENTES NO AR..."

HAJA ESPARADRAPO!

"O PRINCIPAL INIMIGO DESSA CAMADA É O CFC!"

CORINTHIANS FUTEBOL CLUBE?

"NÃO! CFC É CLOROFLUORCARBONO, GÁS QUE ESTÁ PRESENTE EM MUITOS LUGARES!"

NOS CHIPS DE COMPUTADOR...

NOS SPRAYS...

NA GELADEIRA...

NO AR-CONDICIONADO...

"ALÉM DISSO, O NOSSO MEIO AMBIENTE SOFRE COM A POLUIÇÃO DO AR!"

"ESSA POLUIÇÃO CONTÉM GASES TÓXICOS QUE SE MISTURAM COM AS NUVENS, PRODUZINDO CHUVA ÁCIDA..."

"ALÉM DE PROVOCAR A MORTE DOS PEIXES E CONTAMINAR A AGRICULTURA..."

"...A CHUVA ÁCIDA ESTÁ DANIFICANDO VÁRIOS MONUMENTOS HISTÓRICOS EM TODO O MUNDO!"

PARTHENON (GRÉCIA)

TAJ MAHAL (ÍNDIA)

PROFETAS DE ALEIJADINHO (BRASIL)

"OUTRO GRANDE PROBLEMA QUE O NOSSO MEIO AMBIENTE ENFRENTA É O EFEITO ESTUFA..."

QUE CALOR!

NEM FALE!

"QUANDO DEIXAMOS UM CARRO SOB O SOL DO VERÃO, A LUZ PASSA PELOS VIDROS FECHADOS E ESQUENTA SEU INTERIOR..."

"OS VIDROS NÃO DEIXAM O CALOR ESCAPAR E A TEMPERATURA DENTRO DO CARRO AUMENTA..."

QUE CALOR!

QUE FEDOR!

"NA NOSSA ATMOSFERA, QUEM FAZ O PAPEL DOS VIDROS DO CARRO É O GÁS CARBÔNICO (CO_2) E O GÁS METANO..."

"ESSES GASES NÃO PERMITEM QUE TODO O CALOR DO SOL QUE AQUECEU A TERRA DURANTE O DIA SEJA DEVOLVIDO AO ESPAÇO DURANTE A NOITE!"

SOU UM FILTRO SOLAR!

"SE NÃO FOSSE O EFEITO ESTUFA, AS TEMPERATURAS MÉDIAS DO PLANETA SERIAM MUITO BAIXAS E NÃO HAVERIA VIDA POR AQUI!"

"MAS O QUE ESTÁ ACONTECENDO É UM SUPERAQUECIMENTO DO PLANETA!"

"COM TANTA POLUIÇÃO NA ATMOSFERA, O CALOR QUE DEVERIA VOLTAR AO ESPAÇO..."

"...ACABA PERMANECENDO AQUI NA TERRA!"

"OUTRA PREOCUPAÇÃO AMBIENTAL É O LIXO!"

"EM MUITAS CIDADES, O LIXO É DESPEJADO EM TERRENOS BALDIOS..."

"...EM RIOS, NO MAR..."

EI!!

"...OU EM LIXÕES A CÉU ABERTO! UM CRIME CONTRA A NATUREZA."

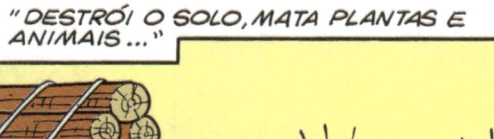

(Mauricio de Sousa. *Ecologia e meio ambiente*. Barueri: Panini, 2011. p. 29-40.)

1 O Dia do Meio Ambiente é 5 de junho. De acordo com a história em quadrinhos que você leu, o que é o meio ambiente? Por que ele é importante?

_____

_____

2 De quais problemas relacionados com o meio ambiente o texto fala? Marque-os.

☐ poluição do ar

☐ lixo

☐ consumo excessivo de água

☐ destruição da camada de ozônio

☐ desmatamento e morte de animais

☐ efeito estufa

3 A destruição da camada de ozônio é um dos graves problemas que a humanidade precisa enfrentar.

a) Que benefícios a camada de ozônio proporciona ao planeta?

_____

b) Quais são as causas da destruição da camada de ozônio?

_____

_____

_____

c) Que consequências negativas para o ser humano podem resultar da destruição da camada de ozônio?

_____

_____

4 A poluição do ar também prejudica o meio ambiente. Ela contém gases tóxicos, que se misturam com as nuvens e provocam a chuva ácida.

a) Considerando a linguagem não verbal do texto, responda: O que, principalmente, causa a poluição do ar?

_____

b) Quais são os efeitos da chuva ácida?

_____

5 A Terra está sofrendo também com o aumento do efeito estufa.

a) O que é o efeito estufa?

_____

_____

_____

_____

b) Qual é a causa do aumento do efeito estufa? Qual é a consequência dele?

_____

_____

_____

6 Em muitas cidades, o lixo é descartado em lixões a céu aberto, em terrenos baldios, nos rios e no mar. Que consequências essa forma de lidar com o lixo pode trazer para o ser humano e para o meio ambiente?

_____

_____

7 Além da destruição da camada de ozônio, da chuva ácida, do aumento do efeito estufa e do despejo inadequado do lixo, que outros problemas ambientais são mencionados pelo texto?

_____

_____

8 Observe o último quadrinho. Qual é a conclusão sobre a condição do nosso planeta? Por quê?

_____

_____

9 De que forma você acha que o Dia Mundial do Meio Ambiente deveria ser comemorado?

_____

_____

10 O texto lido é:

a) uma história em quadrinhos que narra uma história ficcional.

b) uma história em quadrinhos que explica certos fenômenos e conceitos relacionados com o meio ambiente.

c) um texto científico que apresenta ilustrações extraídas de histórias em quadrinhos.

d) uma reportagem que apresenta assuntos científicos para crianças.

11 O texto lido, portanto, tem a finalidade principal de:

a) divertir as crianças.

b) instruir as crianças de modo divertido.

c) informar as crianças de modo científico.

d) provocar nas crianças um sentimento de ódio à vida moderna.

PALAVRAS EM CONTEXTO

1 Em quase todos os quadrinhos há, na parte superior, um texto entre aspas. O que essas aspas indicam?

_____

2 No texto, foi empregada a sigla CFC, que identifica o clorofluorcarbono. **Sigla** é o conjunto das letras iniciais de um nome. Observe estas outras siglas:

> **CD:** *compact disc*
> **ONU:** Organização das Nações Unidas
> **Volp:** Vocabulário Ortográfico da Língua Portuguesa

Troque ideias com os colegas e tentem descobrir o que as siglas abaixo indicam:

CPF: _____

RG: _____

CEP: _____

WC: _____

3 Releia este quadrinho:

> "MAS A DESTRUIÇÃO DA CAMADA DE OZÔNIO SE DEVE, PRINCIPALMENTE, À EMISSÃO DE POLUENTES NO AR..."
>
> HAJA ESPARADRAPO!

O que Magali quis dizer com a frase "Haja esparadrapo!"?

_____

Exercícios

Leia o cartaz a seguir.

Nesse verão, DISPENSE O CANUDINHO

(Disponível em: www.wwf.org.br/?62902/Nesse-verao-dispense-o-canudinho. Acesso em: 27/1/2020.)

A campanha é da ONG (organização não governamental) WWF – Brasil, que integra a Rede WWF (Fundo Mundial para a Natureza), presente em mais de cem países.

1 A mensagem dirige-se:
   a) somente às crianças.
   b) a adolescentes frequentadores de praias.
   c) a todos os leitores.
   d) aos adultos.

2 Qual é a finalidade central do cartaz?
   a) Repreender a população em geral, que faz uso de canudinhos.
   b) Orientar e conscientizar a população sobre a poluição acarretada pelos canudinhos.
   c) Informar os veranistas sobre o uso adequado do canudinho de plástico.
   d) Ensinar a população como se deve utilizar o canudinho no verão.

3 A campanha faz referência ao verão porque:
   a) nessa estação do ano há um aumento de consumo de líquidos e, portanto, utilizam-se mais canudinhos, prejudicando a natureza.
   b) há uma diminuição do consumo de líquidos e, portanto, não se utilizam canudinhos.
   c) é a estação mais quente do ano.
   d) é a estação mais frequentada pelos turistas, consumidores de bebidas.

4 O anúncio estimula o fim do uso do canudinho porque ele:
- a) é de plástico e ajuda a conservar o meio ambiente.
- b) é de papel e não polui o meio ambiente.
- c) geralmente é de papel e não polui o meio ambiente.
- d) geralmente é de plástico e polui o meio ambiente.

Leia o texto a seguir.

Manchas escuras aparecem em mais de 130 locais do litoral nordestino

Por Joana Cataldo

A Polícia Federal iniciou, em 2 de outubro, uma investigação para descobrir a origem das manchas de óleo que apareceram em 132 pontos em praias nordestinas (até o fechamento desta edição) desde o início de setembro. A substância já foi avistada em nove estados: Alagoas, Sergipe, Ceará, Pernambuco, Piauí, Maranhão, Rio Grande do Norte, Paraíba e Bahia, de acordo com o Instituto Brasileiro do Meio Ambiente e dos Recursos Naturais Renováveis (Ibama).

Segundo o Ibama, trata-se de petróleo cru, ou seja, petróleo no estado natural — antes de passar por qualquer processo químico. Em nota, a Petrobras, empresa brasileira de petróleo, informou que o material visto não é produzido nem comercializado pela companhia. De acordo com a Secretaria Estadual de Meio Ambiente e Sustentabilidade de Pernambuco, há suspeitas de que a substância tenha sido descartada por um navio ainda não identificado.

Ibama e Petrobras se comprometeram a fazer a limpeza das praias. Ao Joca, o órgão ambiental afirmou que ainda não há como prever quando as praias estarão completamente limpas.

O Projeto Tamar, iniciativa que luta pela preservação das tartarugas marinhas, decidiu suspender a soltura de filhotes de Sergipe ao extremo norte da Bahia. O receio é de que os animais entrem em contato com as manchas de óleo ao caminhar em direção ao mar. O Tamar cogita a possibilidade de soltar as tartarugas em alto-mar ou em outro local da Bahia.

Estado mais afetado

O Rio Grande do Norte é o estado com maior número de praias atingidas: 43, até o fechamento desta edição. Robert Hester, 59 anos, gerente de uma pousada no município de Nísia Floresta, contou ao Joca sobre as manchas. "A praia em frente à pousada sempre foi muito limpa. Quando as manchas começaram a aparecer, muitas pessoas chegavam, viam o estado do mar e da areia e saíam, indo para outros lugares. Houve grande perda para o comércio", disse.

QUAIS SÃO OS IMPACTOS?

ANIMAIS

Até o fechamento desta edição, a presença da substância havia provocado a morte de 11 tartarugas e uma ave, de acordo com dados do Ibama. As vias aéreas dos animais podem ficar entupidas pelo óleo e eles passam a ter dificuldade para respirar. Além disso, ao ingerir o material, os bichos podem ser intoxicados.

HUMANOS

O Ibama alerta que as pessoas devem evitar o contato direto com o óleo, pois o petróleo possui compostos tóxicos. Se não houver manchas na água, o banho de mar está liberado.

(Disponível em: https://jornaljoca.com.br/portal/wp-content/uploads/2019/10/Joca-Edicao-139-Interativo.pdf. Acesso em: 27/1/2020.)

5 O tema da notícia é:
   a) O desastre ecológico nas praias do Nordeste brasileiro.
   b) O Projeto Ibama e a soltura das tartarugas em alto-mar.
   c) A parceria da Petrobras e do Ibama na limpeza das praias.
   d) A falta de turistas nas praias do Nordeste.

6 O vazamento de óleo proveniente de um navio não identificado é, de acordo com a Secretaria Estadual de Meio Ambiente e Sustentabilidade de Pernambuco:
   a) um fato, pois o óleo foi identificado.
   b) um fato, pois há evidências na praia.
   c) uma opinião, pois o navio não foi identificado.
   d) uma opinião, porque o óleo é reconhecido pela Petrobras.

7 Diante do desastre ecológico, o Projeto Tamar suspendeu a soltura das tartarugas marinhas com receio de que elas:

a) se desviem do caminho e não encontrem o mar.
b) não entrem em contato com a água do mar por falta de luz.
c) sujem os cascos com o óleo do mar.
d) entrem em contato com o óleo e morram por falta de ar ou por intoxicação.

8 O Estado mais afetado com as manchas de óleo foi:

a) Bahia.
b) Ceará.
c) Rio Grande do Norte.
d) Sergipe.

9 O contato com o óleo pode causar consequências graves tanto para o ser humano quanto para os animais porque se trata de um material:

a) tóxico.
b) não tóxico.
c) biodegradável.
d) puro.

10 No trecho "manchas de óleo que apareceram em 132 pontos em praias nordestinas (até o fechamento desta edição)", o emprego da expressão **até o fechamento desta edição**, entre parênteses, dá a entender que:

a) esse número pode ter aumentado depois da publicação.
b) esse número é definitivo, pois já foi comprovado.
c) esse número é apenas uma estimativa, já que não há como comprovar.
d) esse número é falso, pois as informações eram incompletas.

Leia o cartum a seguir.

(Arionauro. Disponível em: www.arionaurocartuns.com.br/search/label/polui%C3%A7%C3%A3o. Acesso em: 27/1/2020.)

11 O cartum tem como tema central:
a) materiais recicláveis.
b) falta de esgoto nas grandes cidades.
c) poluição dos rios.
d) reciclagem de objetos.

12 O cartum tem como objetivo principal:
a) comunicar como são feitos os descartes de objetos nos rios.
b) declarar que o rio está sendo poluído.
c) descrever como vivem os peixes no rio.
d) criticar e denunciar a poluição dos rios.

13 Na frase "Estão acabando com o rio", o agente são:
a) os moradores locais.
b) as pessoas que passam diariamente pelo rio.
c) todos os que poluem o rio com objetos e esgoto.
d) os carros e as fábricas.

Leia o texto a seguir.

poluição
po·lu·i·ção
sf
1 Ato ou efeito de poluir: A população precisa ser continuamente conscientizada da necessidade de evitar a poluição do planeta.
2 Degradação de qualquer ambiente provocada por poluente: "Ué, não terminaram com quase tudo? As águas estão secando aos poucos. Por isso, as barcas já não sobem e descem o rio que nem outrora, senão acabariam atoladas. E a poluição tá matando os peixes do São Francisco — reclamou o remeiro" (RAB4).

EXPRESSÕES
  Poluição ambiental: poluição do ambiente (rios, lagos, mares, áreas urbanas ou rurais) por qualquer agente que atinge muitos ecossistemas, causando danos aos seres humanos, aos animais, aos vegetais etc.
  Poluição atmosférica: poluição do ar provocada pela emissão de substâncias químicas na atmosfera por parte das indústrias, dos veículos automóveis, das queimadas etc., causando degradação do ar, que prejudica o ser humano, os vegetais, os animais e o patrimônio histórico e cultural; poluição do ar.

Poluição da água: alteração das características naturais da água, tornando-a imprópria para o consumo, e que é provocada por agentes tóxicos que degradam e destroem a fauna e a flora.

Poluição do ar: V poluição atmosférica.

Poluição do solo: descarga de poluentes no ambiente, que degradam e desequilibram o solo de uma área ou região, causada especialmente por atividades industriais ou agrícolas.

Poluição radioativa: poluição do ambiente por material nuclear despejado na atmosfera, que, por meio das correntes de ar, é levado para outras áreas e atinge o ecossistema.

Poluição sonora: excesso de ruído no ambiente, que causa pressão exagerada no sistema auditivo e pode provocar danos comportamentais ou físicos nos seres humanos e animais, inclusive diminuição ou perda da audição.

Poluição visual: poluição do campo de visão, provocada por propagandas veiculadas por meio de faixas, cartazes, placas, painéis, pichações e edifícios ou monumentos malconservados.

ETIMOLOGIA
der de *poluir*+ção.

(Disponível em: http://michaelis.uol.com.br/busca?id=BVxXy. Acesso em: 27/1/2020.)

14 Pelas características do texto, pode-se dizer que ele é um:
a) anúncio publicitário.
b) verbete de dicionário.
c) receituário.
d) boleto.

15 O texto tem como finalidade:
a) comunicar fatos do cotidiano.
b) explicar fenômenos naturais.
c) indicar os sentidos e dar exemplos de uso de uma palavra da língua.
d) descrever problemas sociais.

16 Dos tipos de poluição indicados a seguir, em qual deles há um erro?
a) Poluição da água — produtos químicos, esgoto, lixo.
b) Poluição do ar — gases venenosos, fumaça.
c) Poluição sonora — barulho excessivo.
d) Poluição do solo — fumaça venenosa.

CAPÍTULO 5

Arte

Você gosta de ir ao teatro? E de ir ao cinema? E ao museu? O que você gosta de fazer nos fins de semana, nos feriados e nas férias?

Leia o texto a seguir.

O teatro de bonecos também encanta muitas pessoas. Técnicas e materiais tão diversos como o pano, a espuma, a madeira e o isopor são usados na confecção dos bonecos. Para dar a esses bonecos vida e voz de ator e de personagem é necessário muito treino e dedicação.

Marionetes, bonecos de vara, o teatro negro e o teatro de sombras: cada técnica possui seu segredo, que deve ser dominado pelo *titeriteiro*, que é o artista que manipula os bonecos. O *titeriteiro* geralmente não pode aparecer. Fica agachado ou escondido atrás dos palcos pequenos, que são construídos especialmente para essas apresentações. Ou então se veste de preto e fica no escuro, na frente de uma cortina preta, e só os bonecos se destacam.

Teatro de bonecos atrai especialmente as crianças, mas é feito também para adultos. Em vários países do mundo existem tradições riquíssimas de teatro de bonecos, como o Bunraku, do Japão, o teatro de sombra, da Turquia, China e Tailândia, os bonecos de vara, de Java, e muitos outros pelo mundo afora. Muitas vezes, as tradições e técnicas de construção e manipulação de bonecos são passadas de geração para geração, na mesma família.

> Existem verdadeiros teatros construídos para as apresentações de teatro de bonecos: alguns são belíssimos e muito bem decorados por dentro e por fora, outros são pequenos, com cadeiras também pequeninas na plateia, especiais para o público infantil.
>
> (Raquel Coelho. *Teatro*. Belo Horizonte: Formato, 1998. p. 28.)

1 Qual é o objetivo central do texto?

_____

_____

2 Quais são os materiais utilizados na confecção dos bonecos?

_____

3 Há diversos tipos de teatro de bonecos. Quais são eles?

_____

_____

4 Em todos os tipos de teatro de bonecos, há a figura do titeriteiro.

  a) O que ele faz?

_____

  b) Como ele deve agir na apresentação?

_____

_____

5 Para qual público é indicado o teatro de bonecos?

_____

_____

6 De que forma a técnica de construção e manipulação do teatro de bonecos é ensinada?

_____

_____

PALAVRAS EM CONTEXTO

1 O texto lido pertence a um livro sobre o teatro, que conta um pouco da história dessa arte e dos diferentes tipos de teatro. Observe a frase: "O teatro de bonecos **também** encanta muitas pessoas". Qual é o significado da palavra em destaque?

_____

_____

_____

2 Por que a palavra **titeriteiro** está escrita em itálico no texto?

_____

_____

3 Por que o autor utilizou a palavra **geralmente** na frase "O titeriteiro geralmente não pode aparecer"?

_____

_____

_____

4 As palavras **titeriteiro** e **titereiro** são sinônimas e se originam de **títere**.

a) Consulte o dicionário e responda: O que é um **títere**?

_____
_____
_____
_____
_____
_____
_____

b) Compare estas palavras:

> titereiro
> jardineiro
> açougueiro
> costureira
> porteiro

O que elas têm em comum?

_____
_____

c) Qual é o sentido da partícula **-eiro(a)**?

_____

TEXTO E INTERTEXTO

Leia, a seguir, um infográfico. **Infográfico** é um texto que geralmente reúne informações com palavras, representações gráfico-visuais e números.

PAÍSES ONDE MAIS SE LÊ

HORAS SEMANAIS

País	Horas
ÍNDIA	10:42 h
TAILÂNDIA	09:24 h
CHINA	08:00 h
FILIPINAS	07:36 h
EGITO	07:30 h
REPÚBLICA CHECA	07:24 h
RÚSSIA	07:06 h
SUÉCIA	06:54 h
FRANÇA	06:54 h
HUNGRIA	06:48 h
ARÁBIA SAUDITA	06:48 h
HONG KONG	06:42 h
POLÔNIA	06:30 h
VENEZUELA	06:24 h
ÁFRICA DO SUL	06:18 h
AUSTRÁLIA	06:18 h
INDONÉSIA	06:00 h
ARGENTINA	05:54 h
TURQUIA	05:54 h
ESPANHA	05:48 h
CANADÁ	05:48 h
ALEMANHA	05:42 h
ESTADOS UNIDOS	05:42 h
ITÁLIA	05:36 h
MÉXICO	05:30 h
REINO UNIDO	05:18 h
BRASIL	05:12 h
TAIWAN	05:00 h
JAPÃO	04:06 h
COREIA	03:06 h

Por comparação, a média de horas semanais que uma pessoa passa a ver televisão:

A ver TV — 16:50 h

(Adaptado de: Mireia Trius e Joana Casals. *Eu e o mundo — Uma história infográfica.* Lisboa: Edicare, 2019. p. 37.)

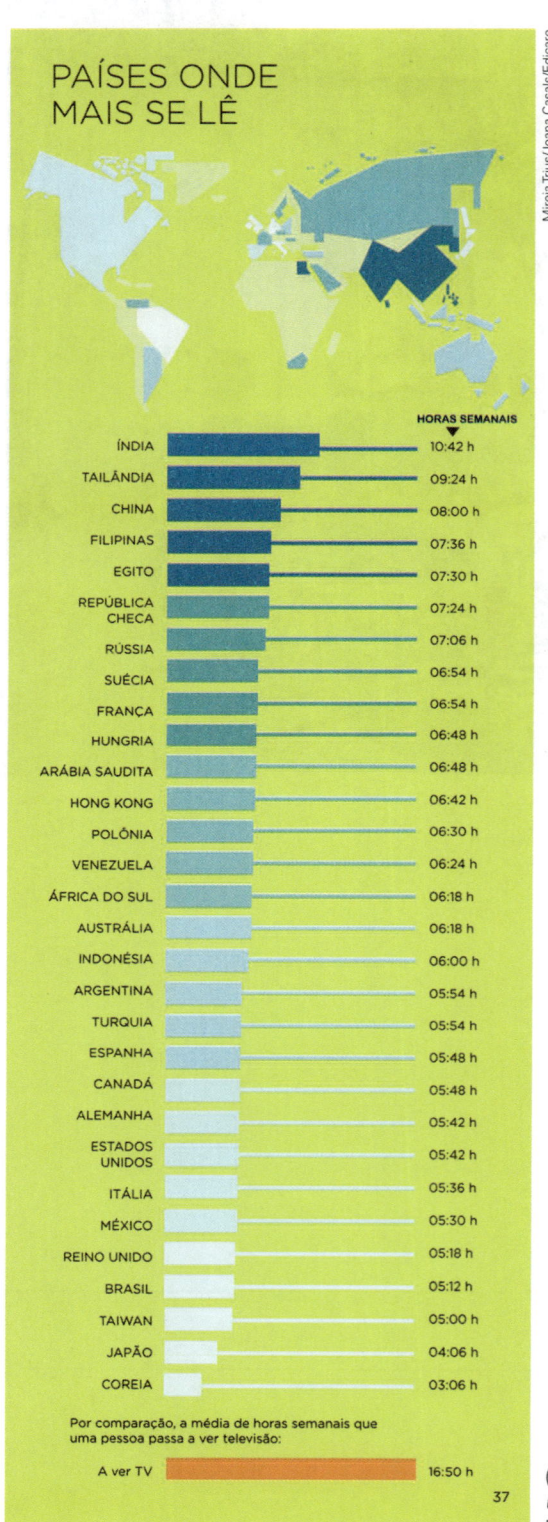

1 Qual é o assunto principal do texto?

_____

_____

_____

2 Entre os países que aparecem no infográfico, qual é o país que mais lê? E o que menos lê?

_____

_____

_____

3 Na parte de cima do infográfico, há o mapa-múndi com cores variadas. O que essas cores representam?

_____

_____

_____

_____

4 Responda oralmente: O que você acha da classificação do Brasil em relação à leitura? Por quê?

5 Observe o texto da parte inferior do infográfico:

> Por comparação, a média de horas semanais que uma pessoa passa a ver televisão:
>
> A ver TV — 16:50 h
>
> 37

Mireia Trius/Joana Casals/Edicare

a) Em média, quantas horas da semana as pessoas do mundo inteiro gastam vendo televisão?

_____

_____

b) Divida esse número pelos dias da semana. Em média, quantas horas por dia as pessoas veem TV?

_____

_____

6 Compare o número de horas gastas em leitura com o número de horas gastas com televisão. Segundo a informação, as pessoas gastam mais tempo com televisão ou com leitura?

_____

_____

7 Compare o texto sobre teatro com o infográfico sobre leitura. O que eles têm em comum?

_____

_____

_____

_____

Exercícios

Você já leu um texto escrito para teatro? Leia o trecho a seguir e observe o modo como ele está organizado.

CENÁRIO

Ao fundo, a Floresta. Nela são colocados, respectivamente:
1ª cena: A casa dos pais.
2ª cena: A floresta.
3ª cena: A casa dos pais.
4ª cena: A floresta.
5ª cena: A casa feita de doces.
6ª cena: A gaiola de João e o caldeirão.
7ª cena: A floresta.

1ª CENA

Na casa dos pais. A madrasta e o pai discutem.

MADRASTA — Então está decidido. Temos que nos livrar dos meninos. O dinheiro não dá mais.

PAI — Mas são meus filhos, mulher. Não posso fazer isso com eles...

MADRASTA — O que adianta esperar mais, marido? Não temos nem comida, nem roupa, nem nada para dar a eles. O melhor é deixá-los na floresta. Quem sabe eles podem se virar e arranjar o que comer? Joãozinho é muito esperto e Maria também.

PAI — Não posso imaginar meus filhinhos sozinhos na floresta.

MADRASTA — Se você ainda arranjasse um emprego! Estou cansada de trabalhar o dia inteiro para nada.

PAI — Vou sentir tanta falta deles!

MADRASTA — Sentir falta não enche barriga de ninguém. Vá logo pegar seu machado e vamos levá-los hoje mesmo para a floresta...

PAI — Então vá preparar uns agasalhos pra eles não morrerem de frio na floresta. Vou buscar meu machado.

(Os dois saem. Entram João e Maria, que ouviram tudo.)

MARIA — Você ouviu, João? Eles vão nos deixar sozinhos na floresta.

JOÃO — Ouvi sim. Ainda bem que ouvimos tudo. Assim podemos voltar.

MARIA — Voltar como?

JOÃO — Tive uma ideia. Na mata vamos deixando cair umas pedrinhas e assim, quando eles nos deixarem, saberemos o caminho de volta.

MARIA — Que bom, João! Você é mesmo inteligente. Então vamos logo catar as pedrinhas.

JOÃO — Vamos!

(Os dois saem. Chega o pai com o machado.)

PAI — É triste, muito triste ter que deixar os filhos na floresta. É mais triste ainda não ter nada o que comer, o que vestir, sem poder viver direito. Como é que um pai ou uma mãe pode amar seus filhos sem poder dar a eles o que comer? Triste vida essa que vivemos nesta casa...

(Chega a madrasta.)

MADRASTA — Tudo pronto? Onde estão os meninos?

PAI — Meu coração está apertado.

MADRASTA — Não te entendo, marido. Não te aperta o coração não ter nada o que comer?

PAI — Você é madrasta deles, mulher, não pode mesmo me entender...

MADRASTA — Entender ou não entender não interessa agora. Precisamos é de agir. *(chamando)* João! Maria!

JOÃO — A senhora nos chamou, madrasta?

MADRASTA — Vamos agora à floresta catar lenha. Vocês vêm conosco. Vistam esses trapos.

MARIA — Mas está fazendo muito calor.

MADRASTA — Mas o tempo vai mudar. Disso eu tenho certeza.

MARIA *(fingindo)* — Vamos demorar muito na floresta?

PAI — Só Deus sabe quanto, minha filha.

MADRASTA — Vamos embora.

(Saem.)

(Maria Clara Machado. *Os cigarras e os formigas e outras peças*. Rio de Janeiro: Nova Fronteira, 2009. p. 11-15.)

1) Pela organização dos diálogos entre personagens e marcadores das falas dos personagens em cena, podemos dizer que o texto é:

   a) um poema.
   b) um conto.
   c) um texto teatral.
   d) um romance.

2) O texto teatral é produzido para ser:

   a) apenas lido.
   b) lido e representado.
   c) estudado.
   d) adaptado para a TV.

3) O texto teatral lido é baseado no conhecido conto maravilhoso:

   a) *Rapunzel.*
   b) *João e Maria.*
   c) *Branca de Neve e os 7 anões.*
   d) *A Gata Borralheira.*

4) O texto apresenta algumas partes. Observe a parte inicial, chamada **cenário**. Ela indica:

   a) como os personagens devem estar vestidos.
   b) como os personagens devem falar o texto.
   c) como o cenário deve estar durante toda a peça.
   d) que mudanças devem ocorrer no cenário em cada cena da peça.

5) A **cena** de uma peça teatral é:

   a) o cenário.
   b) o tempo de duração do espetáculo.
   c) uma situação ou uma passagem do espetáculo.
   d) o conjunto das falas dos personagens.

6) O texto teatral não apresenta um narrador que conta a história, mas ele apresenta apenas algumas frases entre parênteses, chamadas de **rubricas**. Veja:

> - *(Os dois saem. Entram João e Maria, que ouviram tudo.)*
> - *(Os dois saem. Entra o pai com o machado.)*
> - *(Chega a madrasta.)*
> - *(fingindo)*

O papel dessas rubricas no texto teatral lido é:

   a) mostrar como o público deve se portar durante o espetáculo.
   b) mostrar ao diretor como ele deve montar o espetáculo.
   c) indicar a movimentação dos atores no palco e o modo como devem falar.
   d) indicar o que os atores devem falar durante a peça.

7 Observe que, do lado esquerdo do texto, há palavras em letra maiúscula como **MADRASTA**, **PAI**, etc. O papel dessas palavras é indicar:
a) quem está falando.
b) como os atores devem se movimentar no palco.
c) quais são os efeitos sonoros.
d) como deve ser o figurino (as roupas).

8 Você leu a primeira cena da peça teatral *João e Maria*. Quantas cenas ela apresenta ao todo?
a) Uma.
b) Três.
c) Cinco.
d) Sete.

9 No excerto lido do texto, o motivo de os pais abandonarem as crianças na floresta é:
a) os pais não gostavam dos filhos.
b) a madrasta não gostava dos filhos do marido.
c) as crianças eram muito mal-educadas.
d) o pai e a madrasta não tinham dinheiro para sustentar as crianças.

10 Um texto teatral tem como finalidade principal:
a) informar as pessoas sobre o que está acontecendo.
b) entreter ou divertir o público.
c) ensinar a fazer alguma coisa.
d) transmitir conhecimentos científicos.

Leia o texto a seguir.

Ingressos: *Premium**: R$ 450 (R$ 225 meia entrada); Setor 1: R$ 380 (R$ 190 meia entrada); Setor 2: R$ 320 (R$ 160 meia entrada); Setor 3: R$ 250 (R$ 125 meia entrada). A pré-venda dos ingressos começa no dia 1º de julho para clientes do Banco Original. Para o público em geral começa a partir do dia 3 de julho pelo *site* Tudus. *o serviço Banco Original VIP *Experience* tem acréscimo de R$ 250.

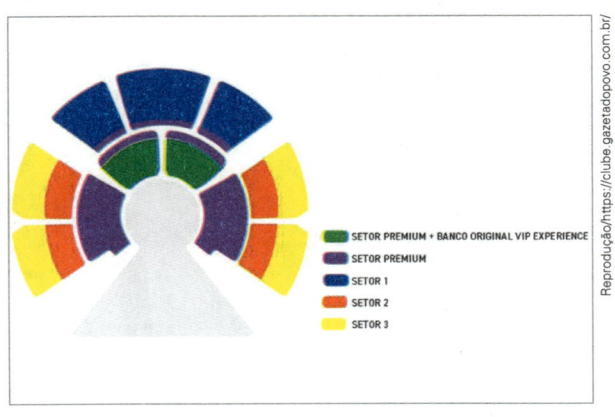

Setores

SETOR PREMIUM + BANCO ORIGINAL VIP EXPERIENCE
SETOR PREMIUM
SETOR 1
SETOR 2
SETOR 3

(Disponível em: https://clube.gazetadopovo.com.br/noticias/shows/cirque-soleil-brasil-amaluna. Acesso em: 28/2/2020.)

11 O desenho representa:
   a) um cinema.
   b) uma escadaria circular.
   c) uma sala de espetáculos.
   d) um estacionamento.

12 A finalidade principal do texto é:
   a) informar os preços do ingresso, de acordo com a localidade das cadeiras em relação ao palco.
   b) promover locais de apresentações.
   c) descrever um palco de espetáculo.
   d) incentivar a compra de ingressos.

13 Considerando que o palco é a cor cinza, o lugar considerado melhor é o:
   a) setor 1, pois está ao lado dos artistas.
   b) *premium*, pois está próximo dos artistas.
   c) setor 2, pois está mais longe dos artistas.
   d) setor 3, pois há menos barulho.

14 Clientes do banco que patrocina o espetáculo podem:
   a) assistir ao espetáculo.
   b) pagar menos.
   c) receber ingressos gratuitos.
   d) comprar com antecedência os ingressos.

Observe o quadro:

> *Distorting mirror* (1921), de Norman Rockwell.

15 O menino está olhando em um espelho que o deixa:

a) bonito.
b) mais alto e magro.
c) gordo.
d) feio.

16 Provavelmente, o menino está:

a) na casa dele.
b) na escola.
c) no cinema.
d) num parque de diversões.

17 A expressão facial do menino demonstra que ele está:

a) triste.
b) melancólico.
c) alegre.
d) indiferente.

Leia agora esta história em quadrinhos. Nela aparece o dinossauro Horácio, personagem da Turma da Mônica.

(Disponível em: http://turmadamonica.uol.com.br/quadrinhos. Acesso em: 28/2/2020.)

18) Observe os quatro primeiros quadrinhos. Ao se ver no espelho, Horácio se achou:
a) estranho e diferente, e não acreditou que aquela imagem fosse dele.
b) diferente, mas ele sabia que era daquele jeito.
c) deformado, mas muito bonito e especial.
d) diferente, porém bonito, e sabia que aquele reflexo era sua verdadeira imagem.

19) A imagem que aparece sobre a cabeça de Horácio significa:
a) ideia: ele associou a imagem que está vendo aos espelhos que deformam.
b) flor: para enfeitá-lo.
c) dúvida: não confia na imagem que está vendo.
d) felicidade: pois se achou lindo.

20) No último quadrinho, Horácio se sente:
a) triste por ser feio.
b) indiferente à imagem que viu.
c) aliviado, pois ficou convencido de que é diferente da imagem que viu.
d) alegre por ter se visto no espelho.

Leia o texto:

(Disponível em: http://www.camacari.ba.gov.br/. Acesso em: 27/1/2020.)

21 O texto é um cartaz da Campanha do Natal Solidário que apresenta um espetáculo:
- a) de bonecos.
- b) musical.
- c) de dança.
- d) de mímica.

22 O espetáculo se chama:
- a) *Ou isto ou aquilo?*, e é baseado na obra de Cecília Meireles.
- b) *Cecília Meireles*, e foi produzido pelo grupo Ou Isto ou Aquilo.
- c) *Musical*, e foi produzido por Cecília Meireles.
- d) *Lata de Leite*, e foi produzido por Cecília Meireles.

23 O ingresso do espetáculo pode ser adquirido com:
- a) alimento.
- b) bola.
- c) dinheiro.
- d) tarefas escolares.

24 O evento conta com o apoio:
- a) do comércio local.
- b) de Cecília Meireles.
- c) da população local.
- d) da Cidade do Saber, que fica no município de Camaçari.

25 Pelas imagens do cartaz, o evento é indicado, principalmente, para:
- a) adultos.
- b) estudantes.
- c) crianças e adolescentes.
- d) jovens e adultos.

26 O texto tem por finalidade:
- a) promover a escritora Cecília Meireles.
- b) divulgar a cidade de Camaçari.
- c) divulgar o espetáculo *Ou isto ou aquilo?*.
- d) descrever os estudantes da cidade.

27 Por fazer parte da Campanha do Natal Solidário, pode-se imaginar que:
- a) o espetáculo vai tratar do Natal.
- b) o espetáculo vai tratar de solidariedade.
- c) a renda do espetáculo vai ajudar pessoas necessitadas.
- d) a renda do espetáculo vai ser revertida ao Natal dos atores.

CAPÍTULO 6

Sou diferente... E quem não é?

É só alguém aparecer de óculos na escola e já começa a gozação! Há pessoas que adoram "tirar sarro" de tudo: do penteado, da roupa, do tamanho das orelhas, do aparelho nos dentes... Será que isso é justo?

Leia o texto a seguir, de Rosely Sayão.

Por que 'tirar sarro' do diferente?

O João tem oito anos e quer saber por que algumas crianças "tiram sarro" e irritam quem elas acham que é diferente.

Não é só o João que precisa entender isso. A Larissa, o Pedro, a Maria Eduarda, o Guilherme e muitas outras crianças que já foram provocadas também querem saber por que isso acontece.

Algumas receberam apelidos dos quais não gostaram; outras viram seus colegas "tirando sarro" delas e se sentiram humilhadas; e ainda há crianças que nem entenderam por que viraram motivo de piada, ficaram tristes e, sozinhas, choraram em algum canto.

Por que elas são diferentes, na visão dos colegas? Algumas porque usam óculos, outras porque são um pouco desajeitadas ou com mais peso, algumas não conseguem jogar futebol como as outras, e muitas porque não usam o mesmo tênis ou roupa que os colegas, por exemplo.

Sabe o que acham as crianças que colocam os apelidos, tiram sarro e irritam as outras? Elas pensam que isso não é nada demais, que é só uma brincadeira de mau gosto. Elas nem se dão conta de que magoam muito os colegas.

Brincadeira é uma coisa boa, que dá uma sensação de gostosura. Essa palavra não combina com mau gosto. Não mesmo! Então, que tal jogar no lixo essa expressão "brincadeira de mau gosto"? Vai fazer um bem danado a todo mundo.

Ninguém é igual a ninguém. Todo mundo tem alguma diferença — e isso é que dá graça ao mundo.

Já pensou como seria chato se todos fossem iguaizinhos, se comportassem e pensassem do mesmo modo? Diferença não é defeito, e o normal não é ser igual aos outros.

As crianças que sofrem provocação precisam de ajuda. Se você passa por isso ou vê um colega passar, peça ajuda a um adulto.

E quem provoca também precisa de ajuda. Afinal, quem gosta de conviver com um colega que age assim?

(Disponível em: www1.folha.uol.com.br/colunas/quebracabeca/2014/03/1432444-por-que-tirar-sarro-do-diferente.shtml. Acesso em: 11/2/2020.)

1 Qual é o tema central do texto?

___

2 O texto comenta o hábito de "tirar sarro" dos colegas.

a) O que é "tirar sarro"?

___

b) Por que algumas crianças "tiram sarro" de outras?

___

c) Em que situações e lugares isso ocorre com maior frequência?

___

d) As crianças que "tiram sarro" fazem isso por mal?

_____

_____

e) Que consequências essas brincadeiras podem trazer para a pessoa que é vítima delas?

_____

_____

3 Na opinião da autora:

a) Existem pessoas iguais?

_____

_____

b) É bom ou é ruim haver diferenças entre as pessoas? Por quê?

_____

_____

_____

_____

c) Por que é preciso ajudar quem provoca outras crianças?

_____

_____

d) Nos dois casos, quem pode ajudar?

_____

4 A autora afirma: "Todo mundo tem alguma diferença e isso é que dá graça ao mundo". Você concorda com essa afirmação? Por quê?

_____

_____

5 Você já viveu a experiência de ser vítima de alguém que gostava de "tirar sarro"? Se sim, conte como foi e o que sentiu.

_____

_____

6 O texto de Rosely Sayão está baseado em fatos ou opiniões? Comprove com um trecho.

_____

_____

_____

PALAVRAS EM CONTEXTO

1 Na frase "Vai fazer um bem danado a todo mundo", a palavra **danado** tem o sentido de:

a) diferente.   b) dolorido.   c) enorme.   d) pequeno.

2 Compare estas frases:

> Já pensou como seria chato se todos fossem **iguaizinhos**?
> Já pensou como seria chato se todos fossem **iguais**?

Que efeito de sentido resulta do emprego da palavra **iguaizinhos**?

_____

_____

3 Em "Brincadeira é uma coisa boa, que dá uma sensação de gostosura", a palavra **gostosura** tem o sentido de:

a) guloseima.
b) leveza.
c) prazer.
d) sabor.

TEXTO E INTERTEXTO

Leia, a seguir, um texto sobre os inclumojis e o boxe lateral sobre a síndrome de Down.

Inclumojis: emojis inspirados em pessoas com síndrome de down chegam nas redes sociais

Com certeza você deve ter lido em algum lugar na web que nesta última terça-feira (17/07) foi comemorado o Dia Mundial do Emoji. E para celebrar este dia, a Associação de Pais e Amigos dos Excepcionais de Porto Alegre (APAE) juntamente com a APABB-RS lançaram os "Inclumojis", emojis inspirados nas pessoas com síndrome de down.

Esta série de emojis tem como objetivo apoiar a inclusão social e digital, incentivando o debate e dando visibilidade aos cerca de 300 mil brasileiros com síndrome de down. O projeto, desenvolvido pela agência Sistema Dez, apresenta novas carinhas com olhos característicos de pessoas nesta condição, possibilitando que se comuniquem por meio de ícones com os quais se identificam.

SÍNDROME DE DOWN

Síndrome de Down é uma alteração genética causada por erro na divisão celular. As pessoas apresentam características como olhos oblíquos, rosto arredondado, mãos menores e comprometimento intelectual.

(Maria Helena Varella Bruna. Disponível em: https://drauziovarella.uol.com.br/doencas-e-sintomas/sindrome-de-down/. Acesso em: 11/2/2020.)

As três carinhas (uma carinha feliz, uma carinha triste e uma carinha dando risada) podem ser encontradas nas plataformas do Whatsapp, Facebook, Instagram e Twitter. Para utilizar os novos emojis, basta digitar "Inclumojis" na seleção de GIFs, escolher uma carinha e enviar. Quer saber mais sobre esta novidade? Clique aqui e acesse o site oficial! Confira os vídeos dos emojis. Até a próxima!

(Disponível em: https://designculture.com.br/inclumojis. Acesso em: 11/2/2020.)

1 No dia 17/7 é comemorado o Dia Mundial do Emoji.

a) O que a APAE e a APABB-RS criaram para comemorar a data?

_____
_____
_____

b) Com qual objetivo eles tomaram essa iniciativa?

_____
_____
_____

2 Observe os emojis criados:

a) O que representam?

_____
_____

b) Em que esses emojis se diferenciam das carinhas de emoji das redes sociais?

_____

_____

c) Levante hipóteses: Que sentimento tem o portador da síndrome de Down, ao se comunicar nas redes sociais fazendo uso dessas carinhas?

_____

_____

3 Como acessar os novos emojis?

_____

_____

_____

4 A indicação para o acesso ao *site* oficial está em vermelho. Por que essa indicação tem uma cor diferente?

_____

_____

_____

5 Compare o texto "Por que 'tirar sarro' do diferente?" com o texto sobre a síndrome de Down. Que semelhanças existem entre os dois textos?

_____

_____

_____

_____

Exercícios

Leia a tira a seguir.

> ELE RIU DE MIM SÓ PORQUE USO ÓCULOS!
>
> DE MIM POR CAUSA DAS ORELHAS!
>
> E DE MIM PORQUE NÃO SEI JOGAR BOLA!
>
> ESPERO QUE UM DIA ELE SUPERE ISSO...

© Armandinho, de Alexandre Beck/Acervo do cartunista
beckilustras@gmail.com

1 Quem riu das crianças foi:

a) uma menina, amiga do grupo.

b) um menino, provavelmente, pois a menina diz "ele".

c) a menina de óculos.

d) o menino que não sabe jogar bola.

2 As crianças sofreram provocação por causa da(s):

a) idade.

b) amizade.

c) habilidades no esporte.

d) características físicas.

3 No último quadrinho, a menina diz: "Espero que um dia ele supere isso...". Na opinião dela, quem tem problema é:

a) o menino que ri de todo o mundo.

b) as vítimas do menino.

c) o grupo de crianças.

d) o menino de orelhas grandes.

4 A expressão facial dos meninos, no último quadrinho, demonstra:

a) alegria e preocupação.

b) espanto e alegria.

c) decepção e preocupação.

d) medo e raiva.

Leia o poema:

Entre todos, sou único

Um, dois, três,
quatro, cinco, seis.
Tantas crianças no mundo,
nascem tantas no mês?

E se a terra lotar?
E se a terra estremecer?
Por não aguentar essa gente
que não para de comer?

São meninos de olhos puxados,
pequenos, grandes, arregalados.
São meninas coloridas,
negras, brancas, amarelas e mestiças.

São cabelos diferentes
escorridos, eriçados
finos, grossos, louros, pretos,
todos belos e engraçados.

E entre todos, aqui perto,
há alguém especial:
é você, você aí!
brincando no seu quintal.

(Fernanda Sander. *Ideia passarinha*. São José dos Campos: Fernanda Sander Canabrava Bincoleto, 2019. p. 136.)

5 As estrofes que se referem às diferenças étnicas (cor da pele, tipos de cabelo e de olhos, etc.) são:

a) 1 e 2.
b) 1 e 5.
c) 3 e 4.
d) 2 e 3.

6 São pares de palavras que rimam entre si:

a) especial/aí.
b) olhos/mestiças.
c) puxados/arregalados.
d) gente/comer.

7 O assunto central do poema é:
a) todos somos únicos e especiais.
b) no mundo há diferentes raças.
c) nascem muitas crianças no mês.
d) a Terra não vai suportar produzir tantos alimentos.

8 Nos versos "é você, você aí! / brincando no seu quintal", a palavra **você** se refere:
a) a ele mesmo.
b) aos mestiços.
c) a ninguém.
d) ao leitor.

Leia a notícia a seguir.

Estudante cria cartazes contra preconceito e viraliza na internet

Um aluno de publicidade da Universidade de Brasília fez um trabalho sobre o preconceito que pessoas de origem asiática costumam sofrer.

No projeto, que se chama "Abre o Olho Você", Vinicius Chozo, de 24 anos, mostra, por meio de desenhos, como algumas piadinhas e frases mal-intencionadas podem ser ofensivas.

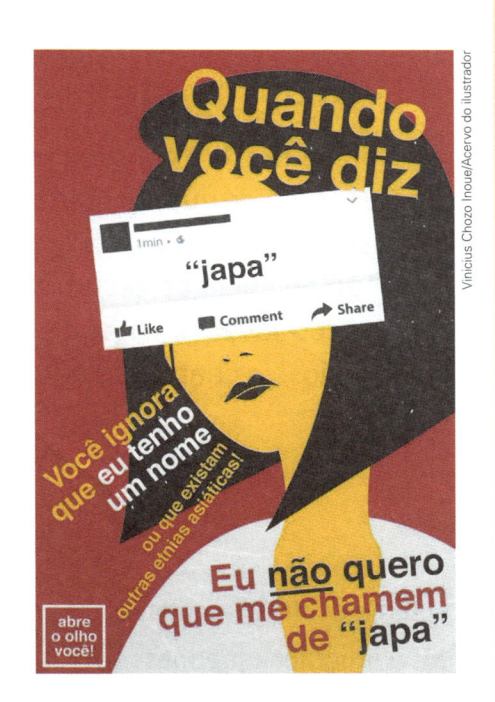

"Precisamos falar sobre expressões, estereótipos e pequenas agressões preconceituosas e de racismo antiasiático que estão muito presentes no dia a dia", escreveu Vinicius em sua página do Facebook.

No perfil, Vinicius também postou alguns desenhos que estão presentes no trabalho. Ao todo, o post já tem mais de 8 mil curtidas e mais de 11 mil compartilhamentos.

Japoneses no Brasil

Moram no Brasil descendentes de chineses, tailandeses, coreanos... No entanto, a maior parte dos imigrantes de origem asiática veio do Japão.

> Família japonesa no Brasil.

Hoje, o Brasil é considerado o país com o maior número de japoneses fora do Japão. Estima-se que 1,5 milhão de japoneses vivam aqui.

Esse número se deve, principalmente, ao grande número de pessoas que saíram do Japão no início do século XX para trabalhar nas fazendas de São Paulo, que, na época, precisavam de mão de obra. Com o tempo, eles foram ficando por aqui e gerando filhos, os chamados descendentes.

(Disponível em: www.jornaljoca.com.br/preconceito-contra-asiaticos-e-tema-de-trabalho-de-universitario/. Acesso em: 12/2/2020.)

9 O tema central da notícia é:
a) a imigração japonesa.
b) as fazendas de café em São Paulo.
c) o tratamento preconceituoso a pessoas de origem asiática.
d) desenhos artísticos inspirados na cultura japonesa no Brasil.

10 Segundo o texto, o que pode ofender as pessoas são:
a) desenhos e cartazes.
b) piadas e frases mal-intencionadas.
c) cartazes que têm criticado os japoneses.
d) textos publicitários que circulam na Universidade de Brasília.

11 De acordo com o texto, o Brasil é:
   a) o país que tem o maior número de japoneses no mundo.
   b) o país onde há mais preconceito racial no mundo.
   c) o país que tem o menor número de japoneses no mundo.
   d) o país em que há mais japoneses no mundo, depois do Japão.

12 Os japoneses vieram para o Brasil, no século XX, para trabalhar:
   a) nas fazendas de São Paulo.
   b) na cidade de São Paulo.
   c) nos campos do Brasil.
   d) no comércio, em São Paulo.

13 A frase "Abre o olho você!", de um dos desenhos de Vinicius, apresenta dois sentidos, que são:
   a) uma brincadeira com olhos "puxados" dos japoneses e uma crítica a essa característica física dos orientais.
   b) o que dizem aos japoneses, por terem olhos "puxados", e um alerta contra o preconceito que essa frase contém.
   c) uma frase preconceituosa contra a arte japonesa e uma brincadeira sem maldade com a característica física dos orientais.
   d) um conselho dado aos orientais que têm olhos "fechados" e uma resposta que os orientais costumam dar às pessoas.

14 A frase "Abre o olho você!" se dirige:
   a) aos descendentes dos orientais.
   b) aos usuários das redes sociais.
   c) às pessoas preconceituosas.
   d) a todas as pessoas das redes sociais.

15 Um texto jornalístico costuma ser construído com fatos e opiniões. Indique, entre os trechos a seguir, qual deles expressa uma opinião:
   a) "Um aluno de publicidade da Universidade de Brasília fez um trabalho sobre o preconceito que pessoas de origem asiática costumam sofrer."
   b) "No perfil, Vinicius também postou alguns desenhos que estão presentes no trabalho."
   c) "Precisamos falar sobre expressões, estereótipos e pequenas agressões preconceituosas e de racismo antiasiático que estão muito presentes no dia a dia [...]"
   d) "Ao todo, o post já tem mais de 8 mil curtidas e mais de 11 mil compartilhamentos."

16 Compare os dois desenhos de Vinicius que integram a matéria jornalística. Por eles é possível concluir que:

a) o preconceito ocorre mais com orientais do sexo masculino.
b) o preconceito ocorre mais com orientais do sexo feminino.
c) o preconceito ocorre com orientais de qualquer sexo.
d) o preconceito ocorre predominantemente com crianças orientais.

Leia o gráfico a seguir.

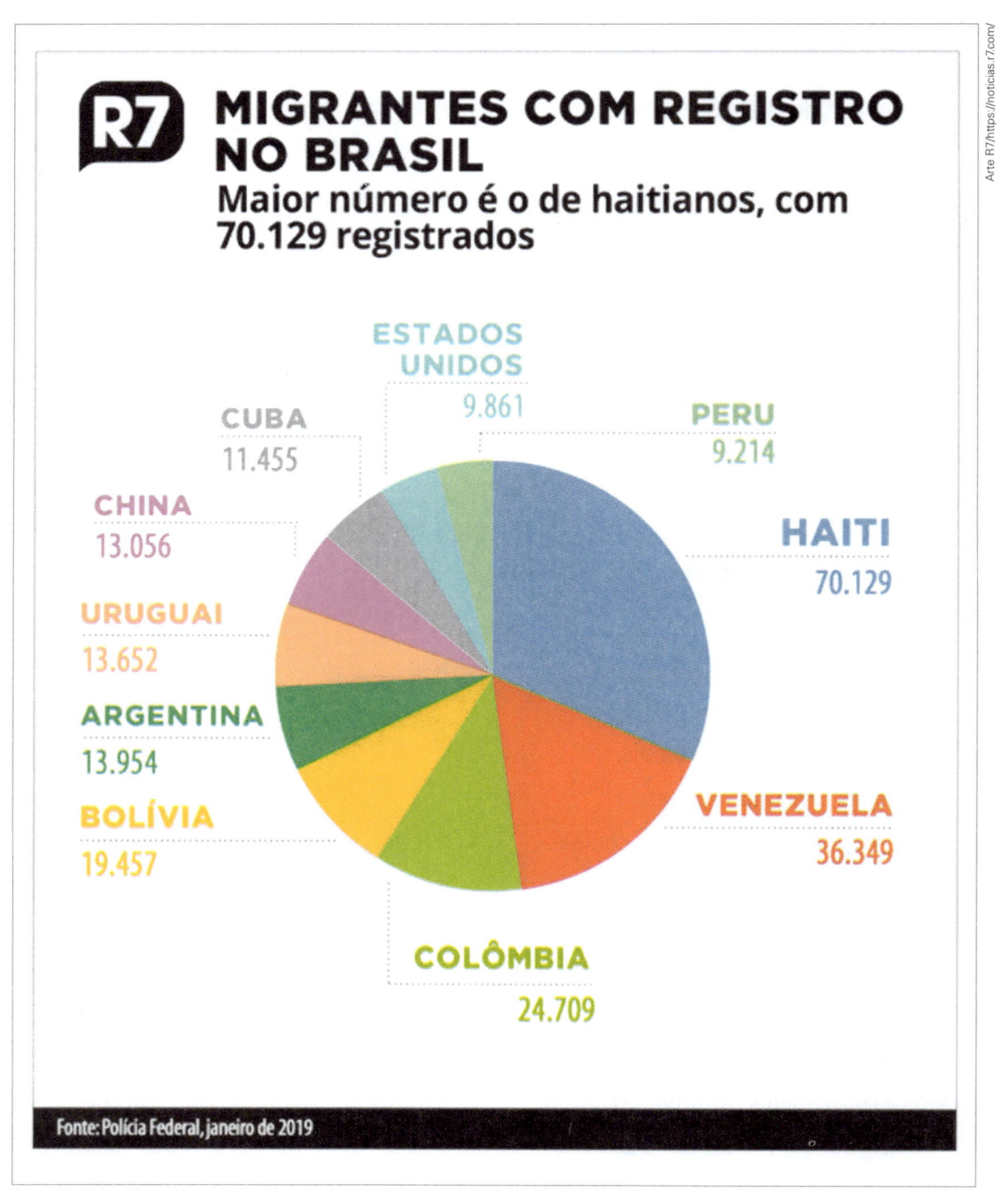

R7 MIGRANTES COM REGISTRO NO BRASIL
Maior número é o de haitianos, com 70.129 registrados

- ESTADOS UNIDOS: 9.861
- CUBA: 11.455
- CHINA: 13.056
- URUGUAI: 13.652
- ARGENTINA: 13.954
- BOLÍVIA: 19.457
- COLÔMBIA: 24.709
- VENEZUELA: 36.349
- HAITI: 70.129
- PERU: 9.214

Fonte: Polícia Federal, janeiro de 2019

Arte R7/https://noticias.r7.com/

(Disponível em: https://noticias.r7.com/internacional/registro-de-migrantes-sobe-mas-brasil-reconhece-mil-refugiados-04022019. Acesso em: 12/2/2020.)

17 No texto, a palavra **migrante** significa:
a) a população de cada país.
b) estrangeiro que nasceu no Brasil.
c) estrangeiro que passou a residir no Brasil.
d) brasileiro que foi viver em outro país.

18 O tema central do texto é:
a) a migração de haitianos no Brasil.
b) o registro de pessoas no Brasil.
c) o registro de migrantes no Brasil.
d) a migração no mundo.

19 O menor número de migrantes registrados no Brasil vem:
a) da Colômbia.
b) da Bolívia.
c) de Cuba.
d) do Peru.

20 A função do gráfico é:
a) apresentar dados e informar.
b) fazer críticas.
c) noticiar fatos importantes.
d) retratar o cotidiano dos migrantes.

21 Depois dos haitianos, os migrantes em maior número no Brasil são os:
a) colombianos.
b) venezuelanos.
c) argentinos.
d) bolivianos.

CAPÍTULO 7

Somos o que falamos!

Nosso país é muito grande e apresenta muitas diferenças regionais e culturais. Apesar disso, todos os brasileiros falam português e conseguem se comunicar. Mas será que o português é o mesmo?

Leia, a seguir, uma crônica de Luis Fernando Verissimo.

Pechada

O apelido foi instantâneo. No primeiro dia de aula, o aluno novo já estava sendo chamado de "Gaúcho". Porque era gaúcho. Recém-chegado do Rio Grande do Sul, com um sotaque carregado.

— Aí, Gaúcho!

— Fala, Gaúcho!

Perguntaram para a professora por que o gaúcho falava diferente. A professora explicou que cada região tinha seu idioma, mas que as diferenças não eram tão grandes assim. Afinal, todos falavam português. Variava a pronúncia, mas a língua era uma só. E os alunos não achavam formidável que num país do tamanho do Brasil todos falassem a mesma língua, só com pequenas variações?

— Mas o Gaúcho fala "tu"! — disse o gordo Jorge, que era quem mais implicava com o novato.

— E fala certo — disse a professora. — Pode-se dizer "tu" e pode-se dizer "você". Os dois estão certos. Os dois são português.

O gordo Jorge fez cara de quem não se entregara.

Um dia o Gaúcho chegou tarde na aula e explicou para a professora o que acontecera.

— O pai atravessou a sinaleira e pechou.

— O quê?

— O pai. Atravessou a sinaleira e pechou.

A professora sorriu. Depois achou que não era caso para sorrir. Afinal, o pai do menino atravessara uma sinaleira e pechara. Podia estar, naquele momento, em algum hospital. Gravemente pechado. Com pedaços de sinaleira sendo retirados do seu corpo.

— O que foi que ele disse, tia? — quis saber o gordo Jorge.

— Que o pai dele atravessou uma sinaleira e pechou.

— E o que é isso?

— Gaúcho... Quer dizer, Rodrigo: explique para a classe o que aconteceu.

— Nós vinha...

— Nós vínhamos.

— Nós vínhamos de auto, o pai não viu a sinaleira fechada, passou no vermelho e deu uma pechada noutro auto.

A professora varreu a classe com seu sorriso. Estava claro o que acontecera? Ao mesmo tempo, procurava uma tradução para o relato do gaúcho. Não podia admitir que não o entendera. Não com o gordo Jorge rindo daquele jeito.

"Sinaleira", obviamente, era sinal, semáforo. "Auto" era automóvel, carro. Mas "pechar" o que era? Bater, claro. Mas de onde viera aquela estranha palavra? Só muitos dias depois a professora descobriu que "pechar" vinha do espanhol e queria dizer bater com o peito, e até lá teve que se esforçar para convencer o gordo Jorge de que era mesmo brasileiro o que falava o novato. Que já ganhara outro apelido: Pechada.

— Aí, Pechada!

— Fala, Pechada!

(*Nova Escola*, maio 2001.)

1 No primeiro dia de aula, Rodrigo, o aluno novo, recebe o apelido de **Gaúcho**.

a) O que os colegas mais estranharam em Rodrigo?

_____

_____

b) Onde fica a escola de Rodrigo: no Rio Grande do Sul ou em outro Estado brasileiro? Justifique sua resposta.

_____

_____

_____

2 Dos alunos da sala, o gordo Jorge era o que mais insistia em rir e debochar de Rodrigo. Por que, na sua opinião, ele agia desse modo?

_____

_____

_____

3 Um dia Rodrigo chegou atrasado à aula e contou que seu pai "deu uma pechada noutro auto".

a) Como a professora descobriu o sentido da palavra **pechar**, que ela desconhecia?

_____

_____

_____

b) Qual é a origem dessa palavra, que hoje pertence também ao português?

_____

_____

4 Releia este trecho:

> "A professora sorriu. Depois achou que não era caso para sorrir."

Por que a professora parou de sorrir?

_____
_____
_____
_____

5 Em determinado momento, a professora dirige-se a Rodrigo, chamando-o de **Gaúcho**. Em seguida, porém, trata-o pelo nome.

a) Por que ela chamou o garoto de **Gaúcho**?

_____
_____
_____
_____
_____

b) Por que, em seguida, ela se corrigiu e o chamou pelo nome?

_____
_____
_____
_____

6 Rodrigo acabou sofrendo preconceito por falar um português diferente do falado pela maioria da classe.

a) Você acha justo uma pessoa sofrer gozação de outras por falar de modo diferente? Por quê?

_____
_____
_____
_____

b) Você já viveu ou presenciou uma situação como a de Rodrigo? Se sim, conte para os colegas como foi.

PALAVRAS EM CONTEXTO

1 Quando, ao contar por que chegou atrasado, Rodrigo diz "Nós vinha…", a professora o interrompe, dizendo: "Nós vínhamos". Por que, na sua opinião, ela disse isso?

_____
_____
_____
_____

2 A professora ensina à classe que, apesar de o país inteiro falar português, existem variações na língua. Que palavras a professora provavelmente usaria no lugar de **tu**, **sinaleira** e **auto**?

_____
_____
_____

3 No trecho "A professora varreu a classe com seu sorriso", que sentido tem a palavra **varreu**?

_____

_____

TEXTO E INTERTEXTO

Leia esta tira, de Angeli:

(Luke & Tantra — *Sangue bom*. São Paulo: Devir/Jacarandá, 2000. p. 17.)

1 Na tira, as adolescentes Tantra e Luke estão saindo da escola. Observe a forma como Tantra cumprimenta o seu amigo Orelha.

a) O que quer dizer a pergunta "Aí, Orelha?"?

_____

b) E a pergunta "Beleza, mano?!"?

_____

2 Ao todo, Orelha diz apenas três palavras. O que isso significa em relação ao uso da língua portuguesa?

_____

_____

3 Luke acha Orelha "cabeça".

a) Qual é o sentido dessa palavra, no contexto?

_____

b) Por que o humor da tira está nesse comentário?

_____
_____
_____

4 Considere o contexto dessa interação verbal, isto é, quem são os interlocutores, o que cada um provavelmente pensa a respeito do outro, o local em que se encontram, etc.

a) Você acha o português utilizado por Tantra e Orelha adequado à situação? Por quê?

_____
_____
_____

b) Imagine se, nesse contexto, Tantra tivesse utilizado a expressão "Como tem passado, amigo?". O que Orelha poderia pensar a respeito dela?

_____
_____
_____

5 Compare o texto "Pechada", de Luis Fernando Verissimo, com a tira de Angeli quanto ao uso da linguagem. O que eles apresentam em comum?

_____
_____
_____

Exercícios

Leia a tira a seguir e responda às questões 1 a 3.

(Folha de S.Paulo, 2/10/1999.)

1 As expressões **panaca**, **quebrar a cara**, **sopapo** e **tapão** revelam que o personagem é:
   a) calmo e educado.
   b) agressivo e violento.
   c) simpático e carinhoso.
   d) triste e deprimido.

2 As expressões destacadas na questão anterior revelam também o uso:
   a) da norma-padrão.
   b) de uma linguagem formal.
   c) de uma linguagem informal.
   d) de uma linguagem culta, utilizada normalmente em jornais e livros impressos.

3 O humor da tira está no fato de:
   a) Ozzy dar uma sapatada no valentão.
   b) o chulé vencer a força.
   c) palavras mágicas vencerem a força.
   d) o garoto provocador apenas parecer que é forte.

Leia o poema a seguir.

Inflação

Com cinquenta mangos
na bolsa,
Luciana
calculava,
contava
que recontava:
"vinte mangos
pro picolé.
Cinco mangos
pro chiclete.
Vinte mangos
pro mate.
Dez mangos
pro chocolate."
— Virgem Maria,
não vai dar não!
Bem que mamãe vive se queixando
desta tal de inflação!

(*Um pouco de tudo — De bichos, de gente, de flores*. 13. ed. São Paulo: Paulus, 2011.)

4 No contexto, o sentido da palavra **mangos** é:
a) mesadas.
b) reais.
c) centavos.
d) dólares.

5 A palavra **mangos** é própria:
a) da norma-padrão.
b) da linguagem formal.
c) da linguagem coloquial e da gíria.
d) da linguagem culta de livros e jornais.

6 O eu lírico (a pessoa que fala no poema) dá indícios de ser:
a) criança.
b) adulto.
c) pré-adolescente ou adolescente.
d) idoso.

7 A consequência da inflação, para o eu lírico, é:
a) comprar tudo o que deseja.
b) não conseguir comprar tudo o que deseja.
c) pedir mais dinheiro para a mãe.
d) rezar para a Virgem Maria.

Leia o texto a seguir, de Patrick McDonnell, e responda às questões 8 a 10.

(Mutts — Os vira-latas. São Paulo: Devir, 2008. p. 21.)

8 A verdadeira razão de o gato não descer da árvore é:
a) o dia está bonito.
b) ele quer apreciar a vista.
c) ele sente medo.
d) o lugar é agradável.

9 Que palavra ou expressão comprova que não é a primeira vez que o gato não desce da árvore?
a) "apreciando a vista"
b) "tá difícil"
c) "descer daí"
d) "de novo"

10 A linguagem usada pelos dois animais é:
   a) formal, pois não se conhecem.
   b) formal, pois são amigos.
   c) coloquial e informal, pois são amigos.
   d) carregada de gírias.

11 Leia o texto de humor que circula na internet:

Nordestino não corre, ele dá uma carreira!
Nordestino não toma água com açúcar, ele toma garapa!
Nordestino não engana, ele dá um migué!
Nordestino não sai apressado, ele sai desembestado!
Nordestino não aperta, ele arroxa!
Nordestino não dá volta, ele arrudeia!
Nordestino não espera um minuto, ele espera um pedacinho!
Nordestino não é distraído, ele é avoado, apombaiado
Nordestino não fica com vergonha, ele fica encabulado, todo errado!
[...]

(Disponível em: https://meuromeu.files.wordpress.com/2012/01/dicionario-de-bolso.pdf. Acesso em: 1/2/2020.)

O texto cria humor brincando com variedades linguísticas. A brincadeira feita por ele mostra dois jeitos de falar e dá destaque:
   a) a uma variedade urbana, a nordestina.
   b) a uma variedade regional, a nordestina.
   c) a uma variedade histórica, a nordestina.
   d) a graus de formalidade e informalidade da linguagem nordestina.

A carta a seguir é o texto de apresentação do livro *Manual da roça do Chico Bento*. Leia-a e responda às questões 12 e 13.

Oi, leitor!

Sempre qui o primo lá da cidade vem fazê uma visita, ele si dá mar por aqui. Intão, eu arresorvi escrevê um manuar contando como são as coisa na roça. Ele fala das fazenda i dos bicho brasilero, ixprica como fazê uma festa junina danada di boa i dá dica pra quem gosta di pescaria qui nem eu. Pra ficá mió ainda, botei um monte di brincadera, causo, música i história drento dele! Craro qui a Dona Marocas mi ajudô a corrigir uns erro di portugueis, né? Pena qui num deu tempo dela lê essa cartinha aqui...

Chico Bento

(Mauricio de Sousa. São Paulo: Globo, 2003. p. 5.)

12 Na carta, a linguagem utilizada por Chico Bento é:
a) urbana, pois ele é um garoto da cidade.
b) urbana, pois ele é um garoto do campo.
c) regional, pois ele é um garoto do campo.
d) regional, pois ele é um garoto da cidade.

13 Deduz-se que o primo de Chico Bento se dá mal no campo porque:
a) sua vida na cidade é igual à de Chico Bento.
b) sua vida na cidade é completamente diferente da de Chico Bento.
c) ele não gosta da vida no campo.
d) ele não gosta da vida urbana.

Você sabe como surgiu o palito de fósforo? O texto a seguir, de Marcelo Duarte, conta um pouco da história dessa extraordinária invenção. Leia-o e responda às questões 14 e 15.

FÓSFORO

Os chineses utilizavam "pauzinhos de fogo" no ano 1000. Mas foi em 1669 que o alquimista alemão Henning Brandt descobriu acidentalmente o elemento fósforo ("o que traz a luz", em grego), em uma de suas tentativas de transformar metais em ouro. A descoberta chegou ao conhecimento do físico inglês Robert Boyle (1627-1691), que inventou, 11 anos mais tarde, uma folha de papel áspero coberta de fósforo, acompanhada de uma varinha com enxofre em uma das pontas. O invento, no entanto, era apenas uma curiosidade muito cara. Somente em 1826 o químico inglês John Walker apresentou os palitos de fósforo, então com 8 centímetros de comprimento. Na verdade, ele estava usando um palito para misturar potassa e antimônio, que se incendiou quando foi raspado ao chão de pedra. O perigo era que os palitos costumavam se incendiar sozinhos dentro da embalagem. Esse problema seria resolvido em 1855, com o surgimento do fósforo de segurança, criado pelo sueco Johan Edvard Lundstrom. Nele, os ingredientes inflamáveis foram separados em dois: parte na cabeça do palito, parte do lado de fora da caixa, com o material abrasivo.

A primeira caixinha de fósforos foi patenteada pelo advogado americano Joshua Pusey, em 1897, e produzida por uma firma de Ohio quatro anos depois.

(*O guia dos curiosos*. São Paulo: Panda Books, 2007. p. 272.)

14 Marque a alternativa verdadeira:
a) Os chineses inventaram o palito de fósforo que conhecemos hoje.
b) O palito de fósforo foi inventado em 1669 pelo alquimista alemão Henning Brandt.
c) A caixinha de fósforos foi inventada em 1680 pelo físico inglês Robert Boyle.
d) A caixinha de fósforos resulta de um conjunto de pesquisas feitas por diversos cientistas entre 1669 e 1897.

15 A linguagem empregada no texto caracteriza-se como:
a) regional e de acordo com a norma-padrão.
b) formal e de acordo com a norma-padrão.
c) informal e coloquial.
d) informal e regional.

Leia, a seguir, uma anedota contada por Ziraldo. Depois, responda às questões 16 e 17.

E tinha aquele professor de gramática que gostava de falar direitinho, um português limpo, a pronúncia bem caprichada, os termos bem escolhidos.

Ao ouvir as gírias que os filhos usavam, ficou escandalizado e pediu:

— Eu queria pedir um favor, pode ser?
— Claro, papai.
— Por favor, não falem duas palavrinhas: uma é "cafona" e a outra é "careta". Está bem?
— Tudo bem, papai. Quais são as palavras?

(Ziraldo. *As anedotinhas do Bichinho da Maçã.* 14. ed. São Paulo: Melhoramentos, 1988. p. 8.)

16 O humor da anedota se deve ao fato de:
a) os filhos gostarem tanto de gírias, que acharam o máximo o pai também falar gírias.
b) os filhos estarem tão acostumados com gírias, que nem perceberam quando o pai disse as palavras que são gírias.
c) o pai falar mais gírias do que os filhos.
d) os filhos acharem a linguagem do pai formal demais.

17 As gírias mencionadas pelo pai são pouco usadas nos dias de hoje. O sentido de **cafona** e **careta** é, respectivamente:
a) "desagradável" e "incompreensível".
b) "insignificante" e "desagradável".
c) "fora de moda" e "conservador".
d) "atual" e "insignificante".

CAPÍTULO 8

Rir faz bem!

O que faz você rir quando está lendo? Contos e crônicas engraçadas, quadrinhos, charges, piadas? Não importa o gênero... o importante é sentir prazer em ler e dar muita risada.

Leia este texto, de Antonio Prata:

Pela janela

Quando, lá pelo fim do primeiro semestre, a caminho da perua, Marina emparelhou comigo e, sem me olhar nem mudar o passo, me entregou o papelzinho dobrado [...], descobri que a amava e que era correspondido.

[...]

Desenhado a lápis, no alto do pequeno retângulo, um avião. Do meio do avião abria uma porta e, por ali, jorravam flores, pintadas a canetinha. Lá embaixo, de braços abertos e sorrindo, um menino recebia a chuva colorida. Ao lado: "Antônio, você é muito legal. Assinado: Marina".

Tarde da noite, depois de muitos esboços e com uma lanterna sob o lençol para não acordar minhas irmãs, consegui acabar a resposta. Ocupando quase toda a superfície de uma folha de papel de sulfite, fiz um circo, com listras azuis, vermelhas e brancas no toldo. No alto, o letreiro: "Grande Circo Marina". Embaixo, à direita, uma flechinha e a indicação: "Abra".

Na outra página, grampeada à primeira, fiz o interior da tenda. Em cima de um tamborete, no meio do picadeiro, uma bailarina. Em seu collant: "Marina". Em torno dela, um mágico, dois palhaços, um leão, uma foca e um elefante bradavam em balões HQ: "Marina"!. De ponta-cabeça, em pleno ar, trapezistas gritavam: "Marinaaaaa!". Na plateia, o público segurava cartazes: "Viva a Marina!", "Eu ♥ Marina!", "Vai, Marina!". Num canto da arquibancada, fiz um garoto sentado: um aviãozinho numa mão, uma flor na outra e, para não haver chance de equívoco, uma flecha indicando: "Eu". Em cima dele, um balão: "Marina, você também é legal. Assinado: Antonio". Fui dormir em êxtase.

[...]

Entrei na classe e a Marina já estava em seu lugar, próximo à porta, ao lado da Titina. Não tive coragem de encará-la — bastariam nossas pupilas se cruzarem, eu temia, para que fôssemos desmacarados —, mas reparei, de soslaio, que ela interrompia o papo com a amiga e me seguia com os olhos, abrindo um sorriso apreensivo e esperançoso. [...]

[...] Virei e dei com a Titina: A Marina tá te esperando atrás do brinquedão". Era uma ordem — e eu obedeci.

Cheguei ofegante. Olhei em volta: só havia nós dois. Não dissemos nada, pus a mochila no banco, abri, entreguei a carta, vi os olhos da Marina emergirem do fundo de um pântano e serem inundados pelo sol, saí correndo.

Foi uma noite estranha. Por um lado, sentia meu corpo boiando naquela banheira morna — e a banheira planando em cima das nuvens —, mas, como um desenho animado, assim que percebia o vazio embaixo dos meus pés, despencava no abismo.

Na manhã seguinte, outra vez, ensaiei o golpe do "não estou me sentindo bem", mas se já não funcionara na véspera, agora, reincidente, é que não iria colar. Na perua tentava me acalmar: eu já havia feito a minha parte, respondendo o bilhete, certo? Não se esperava de mim qualquer atitude. Era só chegar lá e agir naturalmente. A Marina não seria louca de contar para todo mundo, de colar meu desenho na lousa, pregá-lo no mural de cortiça ou algo do gênero. O maior perigo era que a informação chegasse aos meninos, mas como chegaria? [...]

Como na véspera, quando cheguei a Marina já estava em seu lugar, ali na frente. Ela me sorriu, fiz que não era comigo: mirei a janela, atravessei a sala como um alazão em Sete de Setembro e me sentei no fundo. O dia foi passando, ela de um lado, eu do outro: vimos um fóssil de peixe na aula de ciências; treinamos o uso do S, do X e da cedilha, em português; jogamos handebol na educação física, logo depois do recreio.

A última aula era de matemática. A professora distribuiu umas peças de madeira: cubinhos, barrinhas, plaquinhas e o cubão. [...] A professora pediu que formássemos grupos de quatro. Com medo de que a Marina me chamasse e, na frente de outras duas pessoas, tocasse no assunto proibido, me associei correndo aos meninos mais próximos, juntamos as mesas e o trabalho começou. Na lousa, as perguntas foram escritas. "Se tirarmos três cubinhos de uma barrinha, quantos cubinhos sobram?", "Se uma barrinha tem dez cubinhos, quantos cubinhos têm duas barrinhas?", "Quantos cubinhos tem um cubão menos sete cubinhos?", assim por diante.

Ao ver que os alunos mais previdentes ou afobados já iam guardando o material em suas mochilas e que a aula se aproximava do fim, fui tomado por uma súbita tranquilidade: o pior havia passado, a cada dia estaríamos mais longe dos bilhetes, menores seriam as chances de que algo desse errado, em breve eu poderia voltar à minha rotina de admirador secreto, de observador distante — então a Titina se levantou.

Enquanto caminhava em nossa direção, torci para que fosse apenas entregar os exercícios à professora, mas ela passou direto pelo meio da classe e seguiu caminhando. Concentrei-me nos cubinhos, nas barrinhas, no cubão, disse alguma coisa sobre a resposta da questão três, sugeri que refizéssemos a conta, como se o trabalho fosse um buraco no qual eu pudesse enfiar a cabeça, fugindo da Titina e do que quer que ela pretendesse comigo.

Infelizmente, minha estratégia saiu pela culatra: vendo-me tão entretido no exercício, em vez de entregar em mãos o bilhete que trazia, largou-o em cima da minha mesa e saiu andando. Meus olhos alcançaram o pequeno retângulo de papel junto com os dos meus colegas, e, percebendo a curiosidade em seus rostos, fiz a primeira coisa que me passou pela cabeça — ou melhor, que não me passou: num reflexo dos mais irrefletidos, arremessei o bilhete pela janela. Os três deram um salto e se debruçaram sobre o beiral, já alardeando aos quatro ventos: "A Titina mandou uma cartinha pro Antonio! O Antonio jogou a cartinha fora!". Num pulo, meti meu corpo entre eles, antes que o resto da classe chegasse para assistir à minha desgraça — e ali estava ela, sobre o telhado da cantina, a um metro de nós. Para meu azar, ou talvez por castigo dos deuses, o papelzinho caíra meio aberto: do lado de fora, quarenta olhos famintos conseguiam ler:

> De: Marina
> Para: Antonio

Dentro, do lado direito, exposta à visitação pública:

> Quer namorar comigo?
> ☐ Sim
> ☐ Não
> ☐ Talvez. Vou pensar.

Todos gritavam e gargalhavam, mas eu não era capaz de ouvir nada, só via as goelas escancaradas, os dentes, as línguas e os dedos apontando ora pra mim, ora pra Marina. Na frente, a professora batia o apagador na lousa, gesticulava, aflita, e eu lia "Silêncio! Silêncio!", em seus lábios. Lá do outro lado, a Titina me encarava com ódio e a Marina chorava. Eu preferiria que fosse um choro de raiva, que ela me xingasse ou me agredisse, que sua ira desabasse sobre a minha cabeça como os céus nos piores temores do Asterix, pois já estaria aí o início de minha punição e com ela a esperança de um dia, lá adiante, quem sabe, a absolvição, mas não: era um choro manso, triste.

O sinal tocou. A Titina recolheu o material da amiga, pegou-a pela mão e saíram apressadas pelo corredor. Eu pensei em ir atrás, mas o que poderia argumentar em minha defesa, agora que o estrago havia sido feito, que a classe uivava como num motim de piratas, que dez garotos, com meio corpo para fora da janela, tentavam pescar com réguas e compassos o pedido de namoro para, quem sabe, pregá-lo no mural [...].

[...]

(*Nu, de botas*. São Paulo: Companhia das Letras, 2013. p. 133-40.)

alazão: cavalo de cor castanho-avermelhada.
bradar: dizer em voz alta.
êxtase: estado de prazer intenso.
reincidente: o que se repete ou torna a acontecer; pessoa que volta a fazer o que fez.

1 Antonio, o narrador da história, relata uma experiência nova que viveu.

   a) No episódio narrado, que idade você imagina que ele tinha?

   _____

   _____

   b) Qual é a experiência nova que ele viveu?

   _____

   _____

2 Nessa nova experiência, qual das duas crianças se mostra mais corajosa: Antonio ou Marina? Por quê?

   _____

   _____

3 Antonio responde ao bilhete-desenho de Marina com outro bilhete-desenho. Por que o nome Marina aparece tantas vezes nesse desenho?

   _____

   _____

4 O dia seguinte é decisivo para o relacionamento de Antonio e Marina.

   a) Por que o garoto evita olhar para Marina durante a aula?

   _____

   _____

   b) Como Marina reage ao receber a resposta de Antonio?

   _____

   _____

5 Releia este trecho do texto:

> "Foi uma noite estranha. Por um lado, sentia meu corpo boiando naquela banheira morna — e a banheira planando em cima das nuvens —, mas, como num desenho animado, assim que percebia o vazio embaixo dos meus pés, despencava no abismo."

a) O que o narrador chama de banheira morna?

b) Que sentimentos Antonio revela ter nessa noite?

6 Pela manhã, Antonio não queria ir à escola.

a) Quem ele queria enganar, alegando estar doente?

b) Por que ele não queria ir à escola?

c) Qual era o maior receio de Antonio, em relação ao bilhete?

7 A contragosto, Antonio acaba indo à escola. Ao chegar, Marina sorri para ele.

   a) O que o sorriso da menina demonstrava?

   _____

   _____

   b) Por que ele finge não ter notado o sorriso dela?

   _____

   _____

   _____

8 A aula vai chegando ao fim.

   a) Por que Antonio se sente aliviado com isso?

   _____

   _____

   _____

   b) Ao receber outro bilhete de Marina, por que Antonio o joga pela janela?

   _____

   _____

   _____

9 No último parágrafo, Antonio comenta que "o estrago havia sido feito".

   a) Por que ele faz essa afirmação?

   _____

   _____

   _____

b) Como será, provavelmente, a relação entre Marina e o menino a partir desse dia?

_____

_____

c) Como, provavelmente, Antonio se sentirá diante dos amigos da classe?

_____

_____

10 O que você faria em uma situação semelhante à que Antonio viveu?

_____

_____

_____

11 O narrador de uma história pode participar dela como personagem (neste caso, ele narra em 1ª pessoa, incluindo-se) e pode narrar apenas como observador dos fatos (neste caso, narra em 3ª pessoa).

a) Observe os verbos e pronomes empregados pelo narrador. Eles estão predominantemente em 1ª ou 3ª pessoa?

_____

_____

b) Você acha que a escolha dessa pessoa aproxima ou distancia mais o leitor da história? Por quê?

_____

_____

_____

PALAVRAS EM CONTEXTO

1 Releia estes trechos do texto:

> - "ensaiei o golpe do 'não estou me sentindo bem', mas se já não funcionara na véspera, agora, reincidente, é que **não iria colar**"
> - "Infelizmente, minha estratégia **saiu pela culatra**"
> - "do lado de fora, quarenta **olhos famintos** conseguiam ler"
> - "Os três deram um salto e se debruçaram sobre o beiral, já alardeando **aos quatro ventos**"

Indique o sentido que têm nos trechos as palavras ou expressões destacadas.

a) não iria colar: _____

b) saiu pela culatra: _____

c) olhos famintos: _____

d) aos quatro ventos: _____

2 Nos dois trechos abaixo, o narrador faz comparações. Explique a comparação que existe em cada trecho.

a) "atravessei a sala como um alazão em Sete de Setembro"

_____
_____
_____

b) "a classe uivava como num motim de piratas"

_____
_____

Exercícios

Leia o texto a seguir.

Continho

Era uma vez um menino triste, magro e barrigudinho. Na soalheira danada de meio-dia, ele estava sentado na poeira do caminho, imaginando bobagem, quando passou um vigário a cavalo.

— Você, aí, menino, para onde vai essa estrada?
— Ela não vai não: nós é que vamos nela.
— Engraçadinho duma figa! Como você se chama?
— Eu não me chamo, não, os outros é que me chamam de Zé.

(Paulo Mendes Campos. *Para gostar de ler — Crônicas*. São Paulo: Ática, 1996. v. 1, p. 76.)

1 Há traço de humor no trecho:
a) "Era uma vez um menino triste, magro"
b) "ele estava sentado na poeira do caminho"
c) "quando passou um vigário"
d) "Ela não vai não: nós é que vamos nela"

2 O personagem principal do conto é:
a) o vigário.
b) o cavalo.
c) o menino.
d) Paulo.

3 O conto é narrado:
a) em 1ª pessoa, pois o narrador é o vigário.
b) em 3ª pessoa, pois o narrador é o menino.
c) em 1ª pessoa, pois o narrador também é personagem.
d) em 3ª pessoa, pois quem conta a história não participa dela.

4 O humor do conto é uma consequência:
a) do rigor do menino quanto ao sentido preciso de palavras e expressões da língua.
b) da raiva e do nervosismo do vigário.
c) da descrição do menino: "triste, magro e barrigudinho".
d) do fato de o vigário estar montado a cavalo.

Leia, a seguir, o texto de Sylvia Orthof.

Um bicho-de-pé de estimação

A gente pode ter uma porção de bichos queridos, não precisa só ser gato, passarinho, cavalo ou cachorro. Eu tive um bicho de estimação muito de estimação: um bicho-de-pé.

Foi na época em que fomos passar as férias em Itatiaia, no hotel do Donati. O hotel se chamava Repouso Itatiaia, e tinha um sujeito formidável chamado Mamede. Mamede era quem ajudava seu Donati a tomar conta do hotel. Nós, crianças, adorávamos o Mamede, por causa da risada dele. Era uma risada que parecia um navio, que vinha chegando pra praia, com muita gente esperando. A risada de Mamede vinha navegando, navegando, de repente a risada chegava! Quando a risada chegava, tudo balançava, igual às ondas do mar, tudo ficava alegre.

[...]

(*Os bichos que tive*. São Paulo: Moderna, 2004. p. 25.)

5 Entre as seguintes frases do texto, a que contém humor é:
 a) "A gente pode ter uma porção de bichos queridos"
 b) "Nós, crianças, adorávamos o Mamede"
 c) "O hotel se chamava Repouso Itatiaia"
 d) "Eu tive um bicho de estimação muito de estimação: um bicho-de-pé."

6 A repetição "navegando, navegando" tem como efeito de sentido dar ideia de:
 a) aproximação lenta.
 b) distanciamento.
 c) balanço do mar.
 d) chegada inesperada.

7 Quando ouviam a risada de Mamede, as crianças:
 a) sentiam medo.
 b) não gostavam.
 c) se alegravam.
 d) ficavam tristes.

8 O narrador do texto é:
a) uma criança.
b) um adulto, que conta fatos de quando era criança.
c) um adulto, que conta fatos do presente.
d) um adulto, que conta fatos inventados, que não aconteceram.

9 O texto é narrado em:
a) 1ª pessoa, pois o narrador é uma das crianças da história.
b) 1ª pessoa, pois o narrador é Mamede, personagem que encantava as crianças.
c) 3ª pessoa, pois o narrador não participa da história.
d) 3ª pessoa, pois o narrador é uma das crianças, porém já na fase adulta.

Leia o cartum:

© Ivan Cabral/Acervo do cartunista

10 A expressão facial do menino demonstra:
a) alegria.
b) tristeza.
c) raiva.
d) sono.

11 O menino não brinca porque:
a) prefere ver televisão.
b) prefere seus brinquedos.
c) está preso nas grades da televisão.
d) não sente vontade de brincar.

12 Cartuns são desenhos humorísticos que geralmente criticam algum comportamento humano. Na crítica feita no cartum lido, há a sugestão de que as crianças:
a) vejam mais televisão.
b) fiquem presas em casa.
c) brinquem mais, em vez de ver televisão.
d) brinquem mais com a televisão.

Leia este poema:

O médico é o monstro?

O médico nunca me disse:
— Sorvete. Tome sorvete.
— Picolé, três vezes por dia.

Doutor é contra a alegria.
Adora remédio, adora injeção!
Doutor, ora, Doutor...
O certo é Dou-dor, isso sim,
por que não?

(Claudio Thebas. *Amigos do peito*.
São Paulo: Formato, 1996. p. 11.)

13 O verso "Doutor é contra a alegria" expressa:
- a) um fato real.
- b) uma opinião.
- c) alegria.
- d) um fato real e um fato imaginado.

14 Pode-se deduzir que quem fala no poema é:
- a) uma criança.
- b) um homem adulto.
- c) uma pessoa idosa.
- d) uma mulher adulta.

15 O eu lírico (quem fala no poema) não gosta de médico porque:
- a) tem medo.
- b) esse profissional só receita remédios e injeções.
- c) esse profissional é um monstro.
- d) precisa tomar sorvete três vezes ao dia.

16 As reticências utilizadas no verso "Doutor, ora, Doutor..." indicam:
- a) o desejo de corrigir a palavra **doutor** e usar outra mais adequada.
- b) respeito pelo médico.
- c) jeito amigável de falar com o médico.
- d) certeza.

17 O título "O médico é o monstro?" brinca com o título de um livro chamado *O médico e o monstro*, de Robert Louis Stevenson. Ele é irônico porque:

a) sugere que cada um de nós tem um monstro dentro de si.
b) sugere que o médico, por fazer as pessoas sofrerem, seja o próprio monstro.
c) dá ideia de que o monstro cura as pessoas, como fazem os médicos.
d) dá ideia de que a profissão de médico não é bem-vista.

18 Os dois travessões utilizados no poema introduzem:

a) a fala do médico e a fala do paciente.
b) a fala do paciente.
c) a fala do médico.
d) a fala do médico e da enfermeira.

19 O poema faz um jogo de palavras, obtendo um efeito sonoro e humorístico em:

a) "O médico nunca me disse"
b) "Picolé, três vezes por dia"
c) "Doutor" e "Dou-dor"
d) "Por que não?"

Leia a tira a seguir.

(Disponível em: https://tirasarmandinho.tumblr.com/. Acesso em: 17/2/2020.)

20 Armandinho encontra um amigo e ele o chama de **paspalho**. A palavra é um(a):

a) elogio.
b) agradecimento.
c) ofensa.
d) cumprimento.

21 O amigo espera que Armandinho reaja com:

a) briga.
b) indiferença.
c) indignação.
d) agradecimento.

22. O humor da tira está, principalmente:

a) na atitude de Armandinho de virar as costas para o amigo e não se importar com a ofensa.

b) na procura do pai para resolver a situação.

c) na quebra de expectativa, já que Armandinho não briga, mas vai procurar no dicionário o significado de uma palavra estranha.

d) na expressão do sapo de estimação, que parece estar se divertindo com a situação.

Leia, a seguir, a página inicial do *site* Museu do Humor Cearense:

Museu do Humor Cearense
Um lugar pra você se emocionar e rir feito a peste!

12 de Abril – Dia Nacional do Humorista

Hoje, 12 de abril de 2019, Chico Anysio faria 88 Parabéns mestre!
Por Jader Soares | 12 de abril de 2019 | post | Ler mais

Museu do Humor Cearense fará Exposição em homenagem aos 85 anos do humorista Renato Aragão

A partir de hoje, 13 de janeiro/2019, data em que comemoramos os 84 anos do humorista RENATO ARAGÃO, o Museu do Humor Cearense começa juntar acervo para montar a Exposição RENATO 85 em homenagem aos 85 anos do talentoso cearense. Diante...
Por Jader Soares | 13 de janeiro de 2019 | post | Ler mais
[...]

O TOM esteve aqui! Venha você também conhecer o Museu do Humor Cearense

Por Jader Soares | 16 de janeiro de 2018 | post | Ler mais

(Disponível em: https://museudohumorcearense.com.br/. Acesso em: 17/2/2020.)

23 As cores vivas e coloridas da imagem de abertura do *site* expressam:
a) tristeza.
b) saudade.
c) alegria.
d) indiferença.

24 O Museu do Humor situa-se no Estado:
a) de São Paulo.
b) do Ceará.
c) de Pernambuco.
d) do Paraná.

› O humorista cearense Chico Anysio.

25 A figura do palhaço, no cartaz, sugere que os humoristas em geral:
a) trabalham em circos.
b) são os palhaços que atuam nos circos e na tevê.
c) começaram sua carreira como palhaços.
d) têm algo em comum com o palhaço: fazer rir e promover a alegria.

› O humorista cearense Renato Aragão.

26 Pode-se entender do texto que em 12 de abril é comemorado o Dia do **humorista** porque:
a) é o dia do aniversário do humorista Chico Anysio.
b) é o dia do aniversário do humorista Renato Aragão.
c) apenas é uma data que o museu escolheu para homenagear Chico Anysio e Renato Aragão.
d) é o dia em que Renato Aragão faz 85 anos.

27 Os títulos e os pequenos textos que fazem parte dessa página são:
a) os textos completos que foram publicados na página.
b) chamadas para que o internauta clique em "Ler mais" e conheça mais sobre o assunto.
c) os títulos de todas as exposições que já foram feitas no museu.
d) os textos publicados na imprensa a respeito do museu.

28 Na frase "O TOM esteve aqui! Venha você também conhecer o Museu do Humor Cearense", a palavra **TOM** refere-se a:
a) Tom Jobim.
b) Tom Brasil.
c) Tom Hanks.
d) Tom Cavalcanti.

CAPÍTULO 9

Infância

Dançar, cantar, brincar, praticar esportes, comemorar aniversários com parentes e amigos... Tudo isso é muito bom! Tudo isso é infância! E para você, o que é a infância?

Leia o texto a seguir.

Música pra balançar

A música faz uma espécie de massagenzinha na barriga. Todo mundo que já ficou perto de uma caixa de som, onde o barulho é mais forte, sabe disso. Não é só na barriga, mas também nos braços e pernas. Faz a cabeça insistir em balançar, marcando o ritmo, e os pés começarem a se mexer discretamente. Mas aí a música dá uma virada, uma subida e não dá mais pra ser muito discreto: a gente logo começa a dançar de verdade.

Reparem que os adultos (sempre os adultos!) olham para a gente como se fôssemos de outro planeta quando estamos dançando. Os caras vão se esquecendo de como é gostoso balançar. Ficam cheios de dedos e "não me toques" a respeito das músicas e dos ritmos, cheios de "dessa eu não gosto", "onde já se viu menino ouvir funk?", "ah, isso é música de macumbeiro", "não gosto de metal", "isso não é música de criança", "isso é muito pesado"... e por aí vai.

Pura balela de quem já não se lembra de como é gostoso remexer os quadris, inventar dancinhas malucas com os braços, dar passos cada vez mais mirabolantes e, com isso, inventar a melhor coreografia de todos os tempos para sua música favorita — que até pode ser considerada de mau gosto, mas a gente só vai aprendendo a reconhecer o bom com o tempo e com a audição.

Como diria o cantor Jorge Ben Jor (quando ainda era chamado só de Jorge Ben), a música "é pra dançar dançando, é pra dançar dançando".

(Clarice Reichstul. *Folha de S. Paulo*. Disponível em: www1.folha.uol.com.br/fsp/folhinha/168551-musica-pra-balancar.shtml?origin=folha. Acesso em: 15/2/2020.)

1 Segundo o texto, o que ocorre quando ouvimos música?

_____

_____

2 No trecho "Reparem que os adultos (sempre os adultos!) olham para a gente como se fôssemos de outro planeta", como a autora se coloca no texto: como adulto ou como criança?

_____

3 No mesmo trecho citado na questão anterior, o que dá a entender a expressão "sempre os adultos!", entre parênteses?

_____

_____

4 Segundo a autora, como as pessoas começam a reconhecer uma música de boa qualidade?

_____

_____

5 O texto foi publicado num jornal de grande circulação, em um caderno voltado ao público infantil.

- Qual é a finalidade principal do texto?

_____

_____

133

6 O texto está baseado, principalmente, em fatos ou opiniões da autora?

_____

7 Logo, o texto pode ser identificado como uma reportagem, uma notícia ou um artigo de opinião?

_____

8 E você, gosta de música? Qual é seu gênero preferido? Troque ideias com os colegas.

_____

_____

PALAVRAS EM CONTEXTO

Releia este trecho:

> Os caras vão se esquecendo de como é gostoso balançar. Ficam cheios de dedos e "não me toques" a respeito das músicas e dos ritmos [...]

1 O que indicam as expressões **cheios de dedos** e **não me toques**?

_____

_____

_____

2 Em "Pura balela de quem já não se lembra de como é gostoso mexer os quadris", o termo **balela** pode ser substituído por qual palavra?

_____

3 Palavras e expressões como **cara**, **cheios de dedos** e **não me toques** são mais comuns na linguagem cotidiana e informal do que na linguagem de um jornal. Por que a autora teria feito uso desse tipo de linguagem em seu texto?

_____

_____

_____

4 O que quer dizer a expressão **é pra dançar dançando**, da música do cantor Jorge Ben Jor?

_____

_____

TEXTO E INTERTEXTO

Leia este texto:

Esportes na infância: quando começar?

Por Ana Escobar
Médica pediatra e professora na Faculdade de Medicina da USP

Embalados pelo sucesso do Flamengo neste final de ano, muitos pais se entusiasmaram e estão incentivados a buscar práticas esportivas para seus filhos. Por isso, a dúvida é pertinente: qual esporte meu filho pode fazer e qual é a melhor idade para começar?

É chover no molhado falar que o esporte, em todas as idades, faz bem para a saúde física e mental. Todo mundo sabe disso.

Porém, é outra coisa tomar a atitude de colocar esse conhecimento em prática e manter uma atividade regular, pelo menos cinco vezes na semana. Até chegar lá, há um longo caminho de justificativas a vencer. Nem todos conseguem.

A infância é o momento de ouro para começar a praticar esportes recreativos e ter uma vida com movimentação saudável. Quando as crianças crescem com a prática esportiva na rotina, seguir em frente é muito mais fácil. Quem faz esporte regularmente gosta e, geralmente, sente falta quando deixa de fazer.

Quando começar e qual o esporte mais indicado para cada idade?

Em primeiro lugar, é importante ressaltar que a atividade física recreacional, ao ar livre principalmente, como correr, brincar de pega-pega, subir em árvores ou jogar bola, por exemplo, faz parte normal da infância e deve ser incentivada e praticada todos os dias, em todas as idades.

Mas vamos falar da prática esportiva, propriamente dita.

A liberação médica para a prática esportiva é essencial. Crianças com quaisquer tipos de limitações podem encontrar atividades esportivas condizentes com suas capacidades. Há sempre algo a ser feito, adequado para cada um.

Outro fato essencial é que a iniciação esportiva deve acontecer com aulas ministradas pelos professores educadores físicos, que são os profissionais que têm todo o treinamento e conhecimento necessários para tal. Eles são capazes de planejar as adequações essenciais de tempo e intensidade dos exercícios em cada atividade esportiva, de acordo com cada faixa de idade.

Veja em quais idades as crianças podem começar a praticar as atividades mais comuns:

• **2 anos:** natação, balé e ginástica olímpica podem ser iniciados. Nesta idade, as crianças já têm coordenação motora suficiente para conseguirem executar sozinhas, e de forma independente, os primeiros movimentos necessários para iniciar a aprendizagem das respectivas atividades.

- **5 anos:** judô, futebol, vôlei, basquete e handebol. A partir de 5 anos, as crianças já conseguem entender o objetivo recreativo e esportivo de uma "luta", e correr com mais desenvoltura e coordenação para realizar os movimentos necessários para estes esportes de quadras. Claro está que o tamanho das quadras e altura das redes e traves devem ser adaptados aos pequenos.
- **7 anos:** tênis. Esse esporte exige uma coordenação de movimentos que as crianças normalmente têm só a partir dos 7 anos de idade.

Praticar esportes competitivamente pode acontecer, idealmente, a partir **de 7 a 9 anos**, quando as crianças já conseguem ter maturidade para entender que ganhar ou perder faz parte do jogo da vida.

Começar cedo: a melhor maneira para se ter o hábito de praticar esportes por toda a vida.

(Disponível em: https://g1.globo.com/bemestar/blog/ana-escobar/post/2019/11/25/esportes-na-infancia-quando-comecar.ghtml. Acesso em: 15/2/2020.)

1 Que fato tem motivado a busca de esportes para os filhos?

2 Qual é o tema central do texto?

3 Quais são os benefícios de praticar esportes na infância?

4 Segundo o texto, a idade de ouro para se começar a praticar esportes recreativos é na infância.

   a) Por quê?

   _____

   _____

   b) Crianças com limitações podem praticar esportes?

   _____

   _____

5 Por que os exercícios físicos devem ser ministrados por professores profissionais de Educação Física?

_____

_____

_____

6 Segundo o texto, há diferença entre "atividade física recreacional" e "prática esportiva". Explique.

_____

_____

_____

_____

7 Ligue a coluna de idades à coluna de esportes, de acordo com o texto.

   2 anos   tênis

   5 anos   natação

   7 anos   futebol

   7 a 9 anos   esportes competitivos

Exercícios

Observe a foto a seguir.

▸ Povoado de Quatipuru-Mirim, no Estado do Pará.

1 As pessoas retratadas na fotografia são, na maioria:
   a) crianças da mesma idade.
   b) adolescentes de várias idades.
   c) adultos.
   d) idosos.

2 A imagem parece mostrar:
   a) uma apresentação musical.
   b) uma brincadeira da comunidade.
   c) uma festa religiosa.
   d) um evento político.

3 Pelas características do lugar mostrado na fotografia, é possível dizer que ele fica:
   a) no centro de uma cidade grande.
   b) próximo do mar.
   c) na floresta.
   d) na mata.

Leia o texto a seguir, de Heloísa Prieto.

Palhaçada

— Parabéns pra você... sopra a vela! Escondido debaixo da mesa, Daniel segurava as pernas do irmão um ano mais novo, que tremiam sem parar. Será que agora Jonas também tinha começado a ter medo de palhaço?

Não fosse a história de apagar velinhas, todo o plano teria dado certo...

Daniel era um garoto que odiava ter preferências ou tomar decisões. Sua vida era cheia de dilemas, como ser amigo do Juquinha, o irado, e do Dinho, o calado, embora os dois fossem inimigos declarados. Adorar sua avó com suas histórias e detestar os bolinhos de batata que ela lhe servia. Gostar igualmente de gato e de cachorro, de férias na montanha e de férias na praia. Torcer pelo Corinthians e pelo Palmeiras. Gostar de sonhar e detestar ir para a cama. Adorar circo e ter medo de palhaço.

Durante anos, Daniel conviveu secretamente com esses problemas, até o dia em que sua mãe decidiu que lhe daria uma grande festa de aniversário, com direito a circo e vários palhaços... Como dizer à mãe que ele tinha pavor de palhaço?

Jonas, ao contrário de Daniel, nunca perdia a oportunidade de dar sua opinião.

— Daniel vai se ferrar, tudo na festa ele vai detestar. Bem feito, bem feito, bem feito... — disse à noite, só para atormentar o mais velho.

Daniel ficou paralisado diante da provocação, sem saber se brigava com Jonas ou se enfiava a cabeça debaixo das cobertas. Foi quando o irmão teve a ideia terrível:

— Se você me der seu melhor presente, finjo que sou você...

O plano era o seguinte: Jonas usaria uma máscara de palhaço a festa inteira, fingindo ser o irmão, que, como recompensa, lhe daria o melhor presente que ganhasse. E a mãe nunca descobriria o trato, pois eles eram parecidos demais, quase gêmeos. Daniel iria se esconder atrás da porta, dentro do armário e, depois, debaixo da mesa. E tudo teria dado certo, não fosse a história de apagar as velas. Tanto Jonas como Daniel sabiam que sua mãe ficaria triste com aquele tipo de brincadeira.

— Parabéns pra você, nesta data querida...

Mudo, já esperando a bronca, Daniel levou um susto quando uma cara de palhaço apareceu debaixo da mesa. Abriu a boca para gritar, mas o palhaço lhe fez sinal para que ficasse quieto, enfiou uma máscara na sua cabeça e o puxou para fora, gritando:

— Olha só! Não é que encontrei um palhacinho escondido?!

Enquanto os parentes riam, o palhaço rapidamente trocou os irmãos de lugar e arrancou a máscara de Daniel para que ele soprasse as velas.

Assim, a festa foi um grande sucesso, e Daniel ganhou o mais verdadeiro e raro de todos os presentes possíveis e imagináveis: descobrir que o medo torna inimigo alguém que pode ser um grande amigo...

(*Hoje é dia de festa*. São Paulo: Companhia das Letrinhas, 2006. p. 30-31.)

4 Daniel era um menino diferente: gostava de cães e gatos, de férias na montanha e na praia, era amigo de Juquinha, o irado, e do Dinho, o calado. Esses contrastes mostram que Daniel:

a) não gostava de amigos.
b) gostava dos contrários.
c) tinha poucos amigos.
d) imitava os amigos.

5 A mãe de Daniel resolveu fazer uma festa especial para o filho, com o tema:

a) futebol.
b) circo.
c) praia.
d) bichos.

6 A decisão da mãe criou um problema para o garoto, que ele precisava resolver. Que problema era esse?

   a) ele não tinha amigos.
   b) ele era tímido e não gostava de festas.
   c) ele tinha medo de palhaços.
   d) o irmão queria se aproveitar da festa.

7 Jonas arquiteta um plano para ajudar o irmão, mas seu interesse real era:

   a) dar um susto em Daniel.
   b) se divertir, fingindo que era o palhaço.
   c) ficar com o melhor presente que o irmão iria receber.
   d) desmoralizar o irmão durante a festa.

8 Marque a opção correta a respeito de como a história é narrada:

   a) O texto começa com a festa de aniversário já acontecendo; depois é que vamos entender como era Daniel e o que ele tinha combinado antes com o irmão.
   b) O texto é narrado em uma sequência temporal normal, com um fato após o outro.
   c) O texto se inicia com uma festa de aniversário antiga, para mostrar que Daniel tinha medo de palhaço; depois é que o texto vai tratar da nova festa.
   d) O texto se inicia com o plano de Jonas e, na sequência, vem a festa de Daniel.

9 Durante a festa, Daniel estava embaixo da mesa. As pernas de Jonas tremiam, naquele momento, porque:

   a) o palhaço estava ao seu lado e ele tinha medo.
   b) a mãe dos meninos havia descoberto a brincadeira.
   c) as pessoas iriam cantar parabéns para ele.
   d) ele teria que tirar a máscara para assoprar a vela e sua identidade poderia ser descoberta.

10 Na hora de cantar parabéns, um dos palhaços descobre Daniel embaixo da mesa e põe uma máscara na cabeça dele. Provavelmente, o palhaço fez isso:

   a) para desmascarar os irmãos.
   b) para brincar com as crianças.
   c) porque percebeu a situação e quis ajudar os irmãos.
   d) porque percebeu a situação e quis ajudar Jonas a se passar por Daniel.

11 Segundo o narrador, Daniel ganhou o mais verdadeiro e raro presente: "descobrir que o medo torna inimigo alguém que pode ser um grande amigo". Com isso, ele pretende dizer que:

   (   ) O medo de palhaços levava Daniel a imaginar que todo palhaço pudesse fazer mal a ele. Entretanto, na festa, foi ajudado por um palhaço amigo.
   (   ) Daniel tinha medo de palhaços, mas seu irmão Jonas o ajudou na festa, mostrando que ele era o seu principal amigo.

Leia o texto a seguir.

— O LUCA É DIFERENTE DO CASCÃO, QUE É DIFERENTE DA DORINHA, QUE É DIFERENTE DE VOCÊ...
— É ISSO AÍ!
— E TODO MUNDO PODE VIVER JUNTO! BLINCAR, ESTUDAR...
— E EU SOU DIFERENTE DE TODO MUNDO, TAMBÉM!
— MAS NADA QUE UM *LEGIME* E UM *APALELHO* NOS DENTES NÃO *LESOLVA*!
— VOLTA AQUI!!
— CALMA, MÔNICA! FOI SÓ *PLA DESCONTLAIR*!

FIM

(Mauricio de Sousa. *A Turma da Mônica — Acessibilidade*.)

12 Com o comentário "Mas nada que um **legime** e um **apalelho** nos dentes não **lesolva!**", Cebolinha insinua que Mônica é uma menina:

   a) muito bonita.

   b) gorda e dentuça.

   c) forte e saudável.

   d) bonita e com dentes fortes.

13 Nas falas de Cebolinha, certas palavras aparecem em negrito para:

   a) destacar a solução para as diferenças entre ele e a Mônica.

   b) enfatizar o regime e o aparelho nos dentes.

   c) indicar que Cebolinha ainda tem dificuldade para falar essas palavras e troca o som da letra **r** pelo som da letra **l**.

   d) reforçar a opinião do Cebolinha.

14 Os balões do último quadrinho são diferentes porque indicam que os personagens estão:

   a) sussurrando.

   b) gritando.

   c) conversando.

   d) brincando.

Leia o texto a seguir.

15 O texto é:
- a) um ingresso que permite o acesso ao zoológico.
- b) um anúncio que divulga o zoológico Balneário Camboriú.
- c) um ingresso que descreve o que há no zoológico.
- d) a página de abertura do *site* do zoológico Balneário Camboriú.

16 No texto, lemos a palavra **CRIANÇA**. Essa distinção entre esse tipo de ingresso e os ingressos comuns se deve ao fato de que:
- a) a criança deve estar acompanhada dos pais.
- b) a criança faz um roteiro de visitas diferente no zoológico.
- c) o valor do ingresso das crianças é menor do que o dos adultos.
- d) a criança deve entrar por uma portaria diferente da dos adultos.

17 A imagem das araras no texto tem o objetivo de:
- a) chamar a atenção do público e indicar a presença de animais.
- b) mostrar os animais que serão vistos durante a visitação.
- c) apresentar informações sobre araras.
- d) descrever os animais do zoo.

18 Na parte de baixo do texto, há um *site* indicado para o público:
- a) fazer reclamações.
- b) obter informações sobre Camboriú.
- c) obter informações diversas sobre o zoológico.
- d) obter informações sobre as araras.

CAPÍTULO 10

E quando tudo complica...

Que delícia viajar com a família nas férias! Estar em contato com a natureza, brincar com o cachorro, fazer uma pescaria e pescar um belo peixe para o almoço. Mas... e quando as coisas não dão muito certo?

Leia o texto a seguir.

Minhas férias

Eu, minha mãe, meu pai, minha irmã (Su) e meu cachorro (Dogman) fomos fazer camping. Meu pai decidiu fazer camping este ano porque disse que estava na hora de a gente conhecer a natureza de perto, já que eu, a minha irmã (Su) e o meu cachorro (Dogman) nascemos em apartamento, e, até os 5 anos de idade, sempre que via um passarinho numa árvore, eu gritava "aquele fugiu!" e corria para avisar um guarda; mas eu acho que meu pai decidiu fazer camping depois que viu o preço dos hotéis, apesar da minha mãe avisar que, na primeira vez que aparecesse uma cobra, ela voltaria para casa correndo, e a minha irmã (Su) insistir em levar o toca-discos e toda a coleção de discos dela, mesmo o meu pai dizendo que aonde íamos não teria corrente elétrica, o que deixou a minha irmã (Su) muito irritada, porque, se não tinha corrente elétrica, como ela ia usar o secador de cabelo? Mas eu e o meu cachorro (Dogman) gostamos porque o meu pai disse que nós íamos pescar, e cozinhar nós mesmos o peixe pescado no fogo, e comer o peixe com as mãos, e se há uma coisa que eu gosto é confusão. Foi muito engraçado o dia em que a minha mãe abriu a porta do carro bem devagar, espiando embaixo do banco com cuidado e perguntando "será que não tem cobra?", e o meu pai perdeu a paciência e disse "entra no carro e vamos embora", porque nós ainda nem tínhamos saído da garagem do edifício. Na estrada tinha tanto buraco que o carro quase quebrou, e nós atrasamos, e quando chegamos no local do camping já era noite, e o meu pai disse "este parece ser um bom lugar, com bastante grama e perto da água", e decidimos deixar para armar a barraca no dia seguinte e dormir dentro do carro mesmo; só que não conseguimos dormir porque o meu cachorro (Dogman) passou a noite inteira querendo sair do carro, mas a minha mãe não deixava abrirem a porta, com medo da cobra; e no dia seguinte tinha a cara feia de um homem nos espiando pela janela, porque nós tínhamos estacionado o carro no quintal da casa dele, e a água que o meu pai viu era a piscina dele e tivemos que sair correndo. No fim conseguimos um bom lugar para armar a barraca, perto de um rio. Levamos dois dias para armar a barraca, porque a minha mãe tinha usado o manual de instruções para limpar umas porcarias que o meu cachorro (Dogman) fez dentro do carro, mas ficou bem legal, mesmo que o zíper da porta não funcionasse e para entrar ou sair da barraca a gente tivesse que desmanchar tudo e depois armar de novo. O rio tinha um cheiro ruim, e o primeiro peixe que nós pescamos já saiu da água cozinhado, mas não deu para comer, e o melhor de tudo é que choveu muito, e a água do rio subiu, e nós voltamos pra casa flutuando, o que foi muito melhor que voltar pela estrada esburacada: quer dizer que no fim tudo deu certo.

(Luis Fernando Verissimo. *O santinho*. Rio de Janeiro: Objetiva, 2011. p. 61.)

David Martins/Arquivo da editora

1 O texto narra uma viagem de férias.

a) Quem é o narrador?
_____

b) Quem participa dessa viagem?
_____

2 O pai decide que a família deve acampar.

a) Como o pai justifica a escolha por fazer *camping*?

_____

_____

b) Na opinião do narrador, quais eram os reais motivos da decisão do pai?

_____

_____

3 Sobre a decisão de acampar, que reação teve:

a) o narrador? Por quê?

_____

_____

b) a mãe? Por quê?

_____

c) a irmã? Por quê?

_____

_____

_____

4 A viagem sofreu atrasos e a família só conseguiu chegar ao destino à noite.

    a) Qual foi a causa do atraso?

    _____
    _____

    b) Quais foram as consequências do atraso?

    _____
    _____
    _____
    _____

5 A família finalmente encontrou um bom lugar para acampar, perto de um rio.

    a) Por que a família levou dois dias para montar a barraca?

    _____
    _____
    _____

    b) Levante hipóteses: Como todos dormiram nesse período?

    _____

    c) A montagem da barraca ficou de acordo com o manual? Justifique sua resposta.

    _____

6 A principal atração da viagem, segundo o pai, seria o contato com a natureza. Levante hipóteses:

    a) Por que o rio tinha um cheiro ruim?

    _____

b) A família comeu peixes "com as mãos", como o pai previu? Por quê?

_____

_____

c) A família conheceu a natureza "de perto", como o pai queria? Por quê?

_____

_____

7 Releia o final do texto:

> "e o melhor de tudo é que choveu muito, e a água do rio subiu, e nós voltamos pra casa flutuando, o que foi muito melhor que voltar pela estrada esburacada: quer dizer que no fim tudo deu certo."

a) Você acha que realmente "no fim tudo deu certo" nessa viagem de férias? Por quê?

_____

_____

_____

b) Por que, então, o narrador emprega expressões como **melhor** e **muito melhor**?

_____

_____

_____

8 O título do texto é "Minhas férias".

a) As frases do texto são curtas ou longas?

_____

b) Considerando o título do texto, levante hipóteses: Com que finalidade o narrador escreveu o texto?

_____

_____

PALAVRAS EM CONTEXTO

1) Observe estas frases do texto:

> - "aquele fugiu!"
> - "será que não tem cobra?"
> - "entra no carro e vamos embora"

Por que foram empregadas aspas nessas frases?

_____
_____
_____

2) O narrador conta que sua irmã queria "levar o toca-discos e toda a coleção de discos dela". O termo **toca-discos** permite inferir que se trata de um texto:

a) atual.

b) antigo.

c) recente.

d) imaginário.

3) Observe a construção do texto.

a) Quantos parágrafos ele apresenta?

_____

b) O ponto final foi utilizado muitas ou poucas vezes no texto?

_____

c) Que efeito de sentido esse tipo de paragrafação e de pontuação produz no texto?

_____
_____
_____

TEXTO E INTERTEXTO

Observe a tira a seguir.

> A MONTANHA TEM SEU ENCANTO, MAS JÁ SINTO FALTA DA PRAIA...

> VAMOS À PRAIA!

> PRAIA! PRAIA! PRAIA!

> PRAIA! PRAIA! PRAIA!

> NA VERDADE... QUE LINDA ERA A MONTANHA!!

(Nik. Disponível em: www.gaturro.com. Acesso em: 28/3/2020. Tradução dos autores.)

1 Observe o 1º quadrinho.

a) Onde está a família? _____

b) Em que lugar pensam que seria melhor? _____

2 O que demonstra a repetição da palavra **praia**, no 3º e no 4º quadrinhos?

_____

_____

3 Observe o último quadrinho.

a) Como a família se sente na praia? _____

b) Qual é a causa? _____

4 Compare o texto "Minhas férias" com a tira de Nik. O que os dois textos têm em comum?

_____

Exercícios

Nos quadrinhos a seguir aparece o gato Gaturro, personagem criado pelo desenhista argentino Nik. Leia-os e responda às questões 1 a 7.

(Nik. *Gaturro*. Cotia: Vergara & Riba, 2008. p. 47.)

1 As palavras **TIC TAC TIC TAC TIC TAC** e **SWIIIIIP!!** indicam, respectivamente, o som:

a) do jornal e da mola do relógio.
b) do funcionamento do relógio.
c) do funcionamento do relógio e da mola sendo esticada.
d) da mola sendo esticada.

2 Considere a linguagem não verbal dos quadrinhos. O homem dá pela falta do passarinho porque:

a) ele desapareceu da portinhola.
b) ele quebrou.
c) o relógio é novo.
d) o passarinho é seu amigo.

3 Na fala "Onde está o passarinho do cuco?!", os sinais de interrogação e exclamação sugerem que o homem está:

a) calmo.
b) espantado.
c) infeliz.
d) feliz.

4 Observe o último quadrinho. A palavra **muuuuito** foi grafada dessa forma para:

a) sugerir a calma do gato.
b) provocar o dono.
c) intensificar a ideia da facilidade com que Gaturro pegou o passarinho.
d) demonstrar a alegria do Gaturro.

5 O balão acima da cabeça de Gaturro indica que o gato está:

a) pensando.
b) falando.
c) cochichando.
d) dormindo.

6 A expressão de Gaturro demonstra que ele se considera:

a) confuso.
b) esperto.
c) bobo.
d) cansado.

7 O humor da tira está no fato:

a) de Gaturro comer um passarinho.
b) de o dono de Gaturro ficar espantado.
c) de o passarinho ter desaparecido.
d) de Gaturro comer um passarinho de madeira.

Leia o poema a seguir e responda às questões 8 a 11.

Canção esquisita

A cozinheira se agita
    Em volta do fogão
E entoa uma esquisita
    E cômica canção:
"O que eu vou cozinhar?
Como é que eu vou me arranjar
Neste triste estado,
Com tudo quebrado?
    Peneira e tigela.
    Caneca e panela.
    Travessão e pilão.
    Pau de macarrão?
E o que eu quero comprar,
Não sei como pagar,

Azeite e farinha,
Açúcar, toucinho,
Pimenta, agrião,
Batatas e pão,
E o queijo, tão raro,
Tudo hoje tão caro!
E nem vejo a cor do ordenado...
Hoje eu fujo — E está acabado!".

(Fredrich Wilhelm Goell. In: Tatiana Belinky (Org.). *Um caldeirão de poemas*. São Paulo: Companhia das Letrinhas, 2003. p. 11.)

8 As aspas empregadas no poema marcam:
- a) a fala do narrador.
- b) o canto da cozinheira.
- c) o diálogo da cozinheira com outra pessoa.
- d) o diálogo do narrador com a cozinheira.

9 A cozinheira da canção:
- a) não sabe cozinhar.
- b) não quer cozinhar.
- c) não pode cozinhar porque está tudo quebrado e ela não tem dinheiro.
- d) tem dinheiro, mas não quer cozinhar.

10 No verso "E nem vejo a cor do ordenado...", as reticências sugerem que a cozinheira da canção:
- a) ainda podia acrescentar algo à lista de queixas.
- b) foi interrompida por alguém.
- c) esqueceu o que falar.
- d) não tinha mais o que comentar.

11 No verso "Hoje eu fujo — E está acabado!", o uso do travessão e do ponto de exclamação tem o efeito de sentido de demonstrar:
- a) a decisão de cozinhar.
- b) a indecisão quanto a ir embora.
- c) a decisão da cozinheira de ir embora.
- d) a decisão da cozinheira de comprar o que faltava e cozinhar.

Leia os quadrinhos a seguir, de Caulos, e responda às questões 12 a 15.

(*Vida de passarinho.* Porto Alegre: L&PM, 1989. p. 45.)

12 No 3º quadrinho, o ponto de exclamação foi utilizado três vezes, sugerindo:
a) entusiasmo do personagem principal e das pessoas que falam.
b) espanto do personagem principal e espírito de competição das pessoas que falam.
c) dor do personagem principal e espírito de competição das pessoas que falam.
d) espírito de competição do personagem principal e espanto das pessoas que falam.

13 A palavra **TUM**, em letras maiúsculas e com estrelinhas em volta, e a palavra **PFFFF** sugerem que:
a) a bola está voando.
b) o personagem principal foi acertado pelo chute e vai começar a voar.
c) foi dado um chute forte na bola e ela estourou.
d) foi dado um chute fraco na bola e ela saltou.

14 Ao associar a Terra com uma bola de futebol e terminar com a frase "Isso vai acabar mal", os quadrinhos sugerem:
   a) a destruição ambiental.
   b) a destruição dos animais.
   c) a competição ou a luta entre países.
   d) a harmonia dos homens na Terra.

15 O tema da tira é:
   a) o meio ambiente.
   b) a ambição humana.
   c) os problemas das grandes cidades.
   d) o futebol.

Leia os seguintes ensinamentos do Menino Maluquinho, personagem de Ziraldo. Depois responda às questões 16 a 20.

Nunca peça desculpas.
Ou melhor: nunca faça nada
que vá obrigar você
a pedir desculpas.

Se é bom
na hora, mas,
depois
que passa,
você se
arrepende...
foi mau!

(Ziraldo. *Menino Maluquinho — O livro do sim.*
São Paulo: Melhoramentos, 2009. p. 41.)

16 Os dois ensinamentos têm como tema:
   a) comportamento.
   b) saúde.
   c) amizade.
   d) violência.

17 O sinal dois-pontos foi utilizado no primeiro ensinamento para indicar:
   a) uma enumeração de dados.
   b) a citação de um comportamento.
   c) um esclarecimento quanto ao que é melhor.
   d) um esclarecimento quanto ao que vai ser dito.

18 A expressão **foi mau**, no contexto, tem o sentido de:
a) Aprenda a lição!
b) um pedido de desculpas.
c) ações ruins, mas necessárias naquele momento.
d) ações boas e necessárias naquele momento.

19 A finalidade do texto é:
a) divertir as crianças com as maluquices do personagem.
b) ensinar às crianças como se comportar com outras pessoas.
c) ensinar às crianças a tirar vantagem de tudo.
d) ensinar às crianças a vencer a qualquer custo.

20 Levando em conta o tema do texto e a cena de futebol que ilustra o primeiro ensinamento, marque a afirmação verdadeira:
a) O Menino Maluquinho deveria pedir desculpas ao seu colega Herman, pois agiu mal.
b) Herman agiu normalmente com o Menino Maluquinho. Acidentes acontecem no futebol.
c) Herman deveria pedir desculpas ao Menino Maluquinho, pois agiu mal.
d) O Menino Maluquinho agiu de forma maliciosa com Herman, apenas para obter vantagem no jogo.

Leia o gráfico:

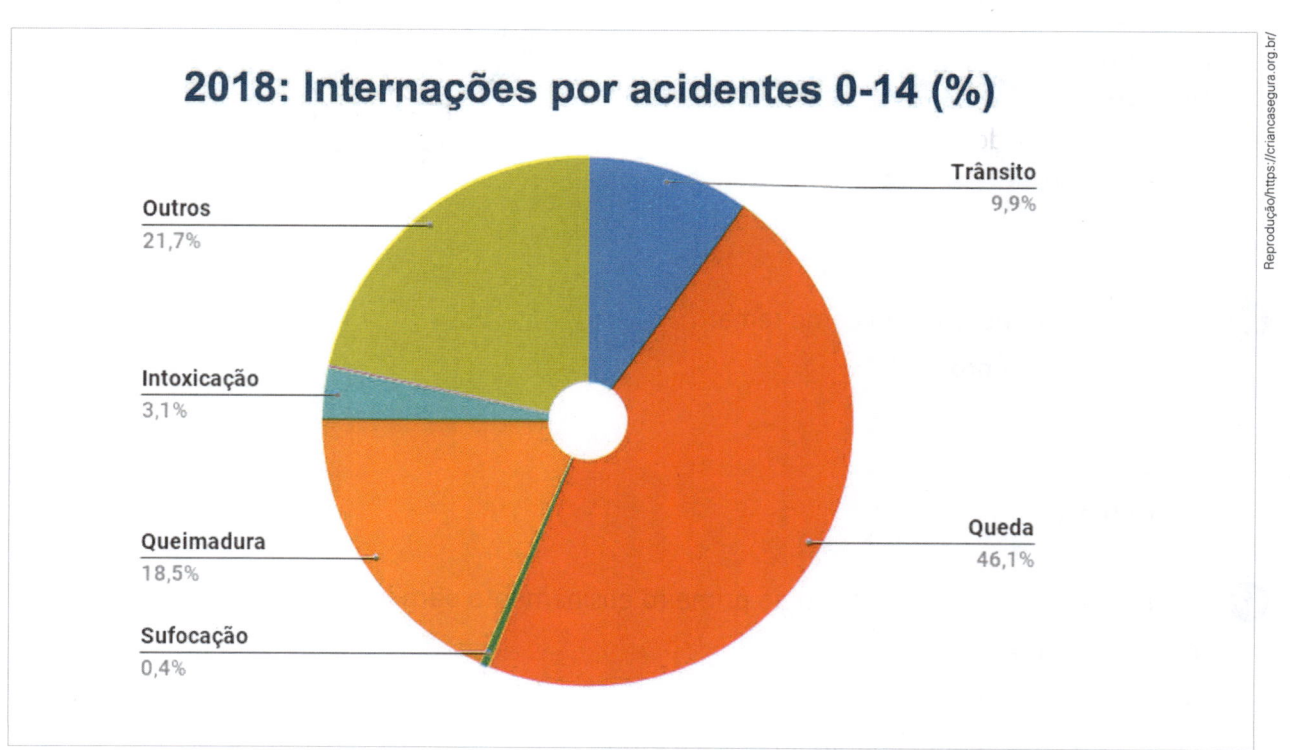

2018: Internações por acidentes 0-14 (%)

- Trânsito: 9,9%
- Outros: 21,7%
- Intoxicação: 3,1%
- Queimadura: 18,5%
- Sufocação: 0,4%
- Queda: 46,1%

(Disponível em: https://criancasegura.org.br/dados-de-acidentes/?gclid=CjOKCQjwoqDtBRD-ARIsAL4pviD6gbhv3g V9ghGHYrkuYDFBSvLOc5j40-Zlw8BbWSR8Qf6q_kZuVhgaAthuEALw_wcB. Acesso em: 15/2/2020.)

21 O gráfico mostra as internações de crianças de 0 a 14 anos. O maior índice de internação de crianças tem como causa:

a) queimadura.

b) intoxicação.

c) queda.

d) trânsito.

22 A causa menos comum das internações é:

a) queimadura.

b) intoxicação.

c) sufocação.

d) trânsito.

23 A segunda causa entre as que levam crianças à internação é:

a) queimadura.

b) intoxicação.

c) sufocação.

d) trânsito.

24 As armas de fogo também são uma das causas que levam crianças à internação. Essa causa, no gráfico, faz parte do item:

a) queimadura.

b) intoxicação.

c) sufocação.

d) Outros.

Bibliografia

BAKHTIN, Mikhail. *Estética da criação verbal*. São Paulo: Martins Fontes, 1997.

BATISTA, Antônio Augusto G.; GALVÃO, Ana Maria de O. *Leitura*: Práticas, impressos, letramentos. Belo Horizonte: Autêntica, 1999.

BRASIL. Ministério da Educação. Secretaria de Educação Básica. União Nacional dos Dirigentes Municipais da Educação. Conselho Nacional de Secretarias de Educação. *Base Nacional Comum Curricular*. Versão final, homologada em dezembro de 2017. Disponível em: http://portal.mec.gov.br/conselho-nacional-de-educacao/base-nacional-comum-curricular-bncc.

BRASIL. Ministério da Educação e Cultura. *Pacto nacional pela educação na idade certa*. Disponível em: http://pacto.mec.gov.br/index.php.

_____. *Avaliação Nacional de Alfabetização (Ana)*: Documento básico. Brasília: Inep, 2013.

_____. *Prova Brasil*: Matriz de referência: Língua Portuguesa 4ª série do Ensino Fundamental. Disponível em: http://portal.inep.gov.br/web/saeb/matrizes-dereferencia-professor e http://provabrasil.inep.gov.br/.

_____. *Provinha Brasil*: Matriz de referência para avaliação da alfabetização e do letramento inicial. Disponível em: http://provinhabrasil.inep.gov.br/.

COLL, César; MARTÍN, Elena. *Aprender conteúdos & Desenvolver capacidades*. Porto Alegre: Artmed, 2004.

CORACINE, Maria José (Org.). *O jogo discursivo na aula de leitura*. Campinas: Pontes, 1995.

COSCARELLI, Carla Viana; RIBEIRO, Ana Elisa (Org.). *Letramento digital*: aspectos sociais e possibilidades pedagógicas. 3. ed. Belo Horizonte: Ceale/Autêntica, 2011.

COSTA, Marta Morais da. *Sempreviva, a leitura*. Curitiba: Aymará, 2009.

ILARI, Rodolfo. *Introdução à semântica*: brincando com a gramática. São Paulo: Contexto, 2001.

KLEIMAN, Ângela. *Leitura*: ensino e pesquisa. Campinas: Pontes, 1989.

_____. *Texto & Leitor*. Campinas: Pontes, 1995.

_____; MORAES, Silvia e. *Leitura e interdisciplinaridade*. Campinas: Mercado de Letras, 1999.

KOCH, Ingedore G. V. *A Coerência textual*. São Paulo: Contexto, 1991.

_____; BENTES, Anna Christina; CAVALCANTE, Mônica Magalhães. *Intertextualidade*: diálogos possíveis. São Paulo: Cortez, 2007.

_____; TRAVAGLIA, Luiz C. *Texto e coerência*. 4. Ed. São Paulo: Cortez, 1995.

LAJOLO, Marisa; ZILBERMAN, Regina. *Das tábuas da Lei à tela do computador*: a Leitura em seus discursos. São Paulo: Ática, 2009.

MACEDO, Lino de; ASSIS, Bernardete A. (Org.). *Psicanálise & Pedagogia*. São Paulo: Casa do Psicólogo, 2002.

MACHADO, Nilson José; MACEDO, Lino de; Arantes, Valéria Amorim. *Jogo e projeto*. São Paulo: Summus, 2006.

MARIA, Luzia de. *Leitura & Colheita*: Livros, leitura e formação de leitores. Petrópolis: Vozes, 2002.

MARTINS, Maria Helena. *O que é leitura*. São Paulo: Brasiliense, 2004.

PERRENOUD, Philippe. *Construir as competências desde a escola*. Porto Alegre: Artmed, 1999.

ROJO, Roxane; MOURA, Eduardo (Org.). *Multiletramento na escola*. São Paulo: Parábola, 2012.

SCHNEUWLY, Bernard; DOLZ, Joaquim. *Os gêneros orais e escritos na escola*. Tradução e organização de Roxane Rojo e Glaís Cordeiro. Campinas: Mercado de Letras, 2004.

SOLÉ, Isabel. *Estratégias de leitura*. Porto Alegre: Artmed, 1998.

ZILBERMAN, Regina da Silva (Org.). *Leitura*: perspectivas interdisciplinares. São Paulo: Ática, 1999.